Tanja Kurth • Tagesmutter
Kinderbetreuung mit Familienanschluss

Tanja Kurth

Tagesmutter Kinderbetreuung mit Familienanschluss

Was Eltern und Tagesmütter wissen wollen

Kösel

Mix
Produktgruppe aus vorbildlich bewirtschafteten
Wäldern und anderen kontrollierten Herkünften
www.fsc.org Zert.-Nr. GFA-COC-1278
© 1996 Forest Stewardship Council

Verlagsgruppe Random House FSC-DEU-0100
Das für dieses Buch verwendete FSC-zertifizierte Papier
Munken Print liefert Arctic Paper Munkedals AB, Schweden.

Dieses Buch erschien zuerst 1995 im SYM Verlag München.

3. Auflage der aktualisierten Neuausgabe 2006
Copyright © 1999 Kösel-Verlag, München,
in der Verlagsgruppe Random House GmbH
Umschlaggestaltung: Elisabeth Petersen, München
Umschlagfoto: Norbert Schäfer Pictures, Düsseldorf
Strichzeichnungen: Jan Birck, München
Druck und Bindung: Ebner & Spiegel, Ulm
Printed in Germany
ISBN-10: 3-466-30497-0
ISBN-13: 978-3-466-30497-4

www.koesel.de

Inhalt

Vorwort

Wenn ich ein Tageskind aufnehme, dann möchte ich das Beste daraus machen. Manchmal möchte ich es sogar besser machen als bei meinen eigenen Kindern.

Eine Tagesmutter

Als ich als Tagesmutter zu arbeiten anfing, war mein Sohn sechs Monate alt. Damals nahm ich zwei Kinder im Alter von einem Jahr bei mir auf. So hatte ich eine quietschfidele Gesellschaft bei mir in der Wohnung, zu vielerlei Schandtaten aufgelegt, manchmal weniger anstrengend, manchmal auch mehr. Es machte großen Spaß zu sehen, wie sie sich entwickelten, wie sie miteinander spielten, wie einer vom anderen abschaute, ihn nachmachte. Auf einem der schönsten Bilder, die aus dieser Zeit in meinem Fotoalbum kleben, sieht man alle drei in ihren Hochstühlen sitzen und erwartungsvoll aufs Essen warten.

Mittlerweile bin ich in der Lage der abgebenden Mutter. Gründe, auch unseren Jüngsten einer Tagesmutter anzuvertrauen, gab es viele: die guten Erfahrungen mit meinen beiden großen Kindern bei unserer alten Tagesmutter; einen Freiraum für mich und meine beiden Großen zu schaffen; das Nesthäkchen wenigstens zeitweise mal nicht den Mittelpunkt einer Familie sein zu lassen.

Zugegeben, aufgrund der Erfahrungen mit unserer Tagesmutter waren wir sehr verwöhnt. Sie war eine liebevolle, aber doch strenge Tagesmutter. Schon vom Alter her passten ihre

9

eigenen Kinder mit den Tageskindern optimal zusammen. Die Tageskinder hatten einerseits Spielkameraden, andererseits in den Größeren genügend Vorbilder, um voneinander zu lernen und abzuschauen. Unsere Tagesmutter und ich ergänzten uns in unseren Vorstellungen hinsichtlich Förderung und Erziehung der Kinder ideal. Davon haben nicht nur die Kinder profitiert, sondern auch ich.

Die Zeit, die unser Jüngster jetzt bei seiner Tagesmutter verbringt, ist noch zu kurz für ein Resümee. Wir befinden uns noch in der Probephase, sind aber alle guter Dinge, dass es klappen wird.

Bis ich nach meiner eigenen Tagesmutterzeit jedoch wieder so positiv auf das Geschehen »Tagespflege« blicken konnte, verging einige Zeit. Als Tagesmutter fühlte ich mich selbst öfters unsicher und allein gelassen. Es gab einige »Bauchlandungen«, die durch entsprechende Informationen seitens der Behörden leicht hätten vermieden werden können. Die

Stolpersteine in der Arbeit als Tagesmutter wurden mir meist erst dann klar, wenn ich bereits gestolpert war. Aus diesem Grund weiß ich heute, wie nützlich es ist, erfahrene Tagesmütter als Ansprechpartner zu haben. Sie können mit handfesten Tipps und Empfehlungen auch in ganz alltäglichen Situationen weiterhelfen. Zwar bieten auch die Jugendämter ihre Hilfe an. Die Vermittlung von Kindern und Tagesmüttern und die Betreuung der Tagesmütter mit Fortbildungsangeboten haben sich verbessert. Dennoch bleiben die vielen kleinen Fragen zur Alltagsbewältigung: der Umgang mit mehreren Kindern in der Wohnung und im Freien sowie der Umgang mit den Eltern oder der Tagesmutter. In Rechts-, Finanz- und Versicherungsfragen müssen die Tagesmütter und Eltern jedoch häufig noch von sich aus aktiv werden.

Die Erfahrungen und Berichte aus der letzen Zeit haben mich in meinem Beschluss bestärkt, dieses Buch, das 1995 zum ersten Mal im SYM Verlag erschienen ist, zu überarbeiten. Ich möchte vor allen Dingen alle rechtlichen, versicherungstechnischen und finanziellen Fragen aufgrund der großen Nachfrage vonseiten der Tagesmütter, Eltern, aber auch der Jugendämter, vertiefen. Der zwischenmenschliche Bereich, also das Dreiecksverhältnis Tagesmutter – Eltern – Tageskind, ist und bleibt der Schwerpunkt dieses Buches: von der Planung der Tagespflege aus Sicht der Tagesmutter und der Eltern, z.B. wie der Tagesablauf gestaltet werden kann, bis hin zum langsamen Ausklang der Tagespflege mit all ihren Facetten.

An dieser Stelle möchte ich mich bei allen Tagesmüttern und Eltern, aber auch bei den Jugendämtern und anderen Institutionen bedanken. Das große Interesse an der Erstausgabe und die daraus resultierenden Ratschläge zur Verbesserung und Erweiterung werden zusammen mit neuen Erfahrungen und Erkenntnissen in diese überarbeitete Fassung einfließen.

Die Tagesmutter - besser als ihr Ruf

Die Suche nach einer Tagesmutter hat Ähnlichkeit mit der Partnersuche. Dabei spielen konkrete Bedürfnisse eine Rolle, aber auch Sympathie und eine Wolke aus Wunschvorstellungen. Wie sieht die »Traumtagesmutter« aus?

Sie hat Nerven wie Drahtseile, ist immer fröhlich und gut gelaunt. Ihr Reservoir an Spielen ist schier unerschöpflich. Sie kocht vollwertig, ist natürlich Nichtraucherin und hat ein Haus mit einem großen Garten zum Spielen. Sollte dies nicht der Fall sein, geht sie dennoch jeden Tag mit den Kindern ins Freie – auf den Spielplatz, in den nahe gelegenen Park – und scheut auch längere Wege nicht, um die Kinder ins Grüne zu bringen.

Gegen gelegentliche Überstunden der Eltern hat sie nichts einzuwenden, und sie hat natürlich jederzeit den Freiraum, die Kinder noch länger zu betreuen. Sie nimmt, ohne mit der Wimper zu zucken, auch kranke Kinder, wobei sie selber natürlich nie krank ist, entlastet also auf jede Art und Weise die berufstätigen Eltern.

Die Kinder lieben sie, da sie in jeder Situation den Überblick behält, da sie mit ihnen tobt, spielt, musiziert, bastelt und immer Einfälle gegen Langeweile hat.

Ungerecht ist sie nie, ihre eigenen Kinder werden in keiner Weise bevorzugt. Sie schimpft so gut wie gar nicht. Das Essen ist lecker. Und ab und zu spendiert sie den Kindern sogar mal ein Eis.

Irgendwo gibt es sie sicher, die Traumtagesmutter. Bis Sie sie gefunden haben, geht Ihr Kind jedoch vielleicht schon zu seinem ersten Rendezvous. Seien Sie also nicht enttäuscht, wenn sich einige von Ihren Vorstellungen nicht erfüllen sollten. Denken Sie daran, dass es mit den Traumtagesmüttern wie mit den Traumpartnern ist: Sie müssen erst noch »gebacken« werden.

Nach diesem kleinen Ausflug in die Welt der Träume, möchte ich mich wieder der Realität zuwenden. So wichtig und hilfreich die Tagesmutter für immer mehr Eltern beziehungsweise allein erziehende Mütter oder Väter ist, so wenig bekannt sind ihr Aufgabenfeld und die Verantwortung, die sie dem ihr anvertrauten Kind gegenüber übernimmt.

Ihr größter Vorzug – das private und familiäre Umfeld – ist zugleich (in den Augen einer uninformierten Öffentlichkeit) ihr größter Nachteil.

Wer für das, was er beruflich tut, keine Ausbildung braucht, wer für andere übernimmt, was ureigene Elternaufgabe ist, kann auch keine besondere Beachtung und Anerkennung von staatlicher oder öffentlicher Seite erwarten. Der Beruf Tagesmutter stellt nach wie vor ein Randthema dar, obwohl immer mehr private Verbände und Jugendämter, aber auch die Medien sich bemühen, der Tagesmutter einen Platz in der Reihe der anerkannten Betreuungseinrichtungen zu verschaffen.

Ein Baby oder Kleinkind mehrere Stunden täglich bei der Oma oder anderen Verwandten abzugeben, möglicherweise, um zum Familienunterhalt beizutragen, vielleicht um nur einmal alleine einkaufen zu gehen, den Frühjahrsputz ungestört zu machen oder einfach einmal die Seele baumeln zu lassen, wird nicht in Zweifel gezogen. Wer aber für private Interessen eine Tagesmutter in Anspruch nimmt, wird mehr als schräg von der Seite angesehen. In unserer Gesellschaft herrscht leider immer noch die Meinung, dass ein Kind mindestens die ersten drei bis vier Jahre zu seiner Mutter gehört. Nur wenn die Mutter sich intensiv mit ihrem Kind auseinander setzt, wird es eine glückliche Kindheit haben, so hört man vielerorts.

Diese Auffassung wurde in einer Studie, die vor einigen Jahren vom Deutschen Jugendinstitut durchgeführt worden ist, eindeutig widerlegt. Sie bezeugt auch die Erfahrungen zahlreicher Mütter und Tagesmütter, die an ihren eigenen Kindern und den Tageskindern positive Entwicklungen beobachtet haben. Auf diese Studie komme ich später genauer zu sprechen (s. S. 16 ff.).

Ein anderer Punkt, der das Ansehen der Tagesmutter schmälert, betrifft den bei den Jugendämtern in der Regel verwendeten Fachbegriff »Tagespflege«. Der Begriff führt zu Missverständnissen. Pflege bedeutet: die körperlichen Bedürfnisse eines Kindes wie füttern, wickeln und Trostspenden zu stillen. Die Aufgaben der Tagesmutter sind jedoch wesentlich vielfältiger. Sie umfassen nicht nur die Pflege des Kindes, sondern auch seine Förderung in allen Entwicklungsbereichen (vgl. hierzu S. 28 ff.). Zudem wurden die Jugendämter durch ein neues Gesetz im Rahmen des Kinder- und Jugendhilfegesetzes (s. S. 19) ihrer Aufgabe, über die Tagesmütter und ihre Tätigkeit zu wachen, entbunden.

Bevor dieses neue Gesetz kam, hatte sich jede Frau, die ein Tageskind aufnahm, beim Jugendamt melden müssen. Seit dem In-Kraft-Treten des Gesetzes muss sich eine Tagesmutter erst ab der Aufnahme eines vierten Pflegekindes beim Jugendamt melden. Dann erst wird diese Tagesmutter überprüft. Durch das neue Gesetz wird der graue Markt (Tagesmütter, die sich nicht beim Jugendamt gemeldet hatten) legalisiert. Es hat nicht gerade zu einer Verbesserung der Betreuungsqualität geführt. Jede Frau kann ihre Dienste anbieten, ob sie als Tagesmutter geeignet ist oder nicht.

Jedoch verlangen immer mehr Jugendämter den Nachweis, dass sich eine Tagesmutter fortbildet und sich damit für ihre Aufgabe qualifiziert. Ohne diesen Nachweis erhalten Tagesmütter keine Kinder über das Jugendamt oder von Eltern, für die das Jugendamt Pflegegeld übernimmt. Gerade in Großstädten, wie zum Beispiel München, bekommt eine Tagesmutter ein Fortbildungsgeld, damit ihre Qualifikation steigt und damit auch die Qualität der Betreuung der Kinder.

Auf einem Fachkongress 1994 wurde die Legalisierung damit begründet, dass man die Eltern als mündige Bürger betrachte, die in der Lage sind, selbst zu beurteilen, ob eine Tagesmutter »gut« oder »schlecht« ist. Wie aber sollen Eltern die Qualität der Tagesmutter beurteilen, wenn sie nicht wissen, welchen Aufgabenbereich die Tagesmutter hat, was eine gute oder schlechte Tagesmutter ausmacht? Woher sollen sie die Informationen beziehen?

Der Gesetzgeber hat seinen Gesetzestext so kurz gehalten, dass er zugleich alles und gar nichts aussagt.

Zusammenfassend lässt sich sagen, dass das Aufgabenfeld der Tagesmutter und die Anforderungen an sie noch sehr unterschätzt werden. Viele Eltern nehmen die Tagesmutter nur dann in Anspruch, wenn kein Krippen-, Kindergarten- oder Hortplatz zur Verfügung steht. Dadurch bekommt die Tagesmutter mehr den Charakter einer Notlösung als den einer echten Alternative.

Wirkt sich die Fremdbetreuung negativ auf die Entwicklung eines Kindes aus?

Wie schon eingangs erwähnt, wurde vor einiger Zeit eine Studie zur Tagesbetreuung bei Tagesmüttern durchgeführt. Hauptaugenmerk wurde in dieser Studie vor allem auf die Frage gerichtet, ob die Kinder den täglichen Bezugswechsel zwischen Tagesmutter und Mutter als solchen verkraften oder ob sie darunter leiden. Und: Ob sie dann überhaupt noch eine Bindung entwickeln können. Wenn nicht, so müssten sie unter Verhaltens- und Entwicklungsstörungen verschiedenster Art leiden. Das hieße, dass »Tagespflegekinder« aggressiver und unkonzentrierter oder auch besonders ängstlich und gehemmt sein müssten. Auch in ihrer geistigen Entwicklung müssten die »Pflegekinder« zurückgeblieben sein, was sich vor allem in der Sprachentwicklung niederschlagen würde.

Ausgewählt wurden Kinder und Mütter, die mindestens zwei Jahre an diesem Projekt teilnehmen sollten. Die Kinder wurden entweder von der Mutter und ihrer Tagesmutter betreut (Wechselbetreuung) oder ausschließlich von ihren Müttern.

Anhand dieser Untersuchungen wollte man herausfinden, inwieweit sich die Kinder, die von wechselnden Bezugspersonen betreut wurden, von denen unterschieden, die ausschließlich von ihrer Mutter betreut wurden.

Allen Verfechtern der ausschließlichen Mutter-Kind-Beziehung zum Trotz kam folgendes Ergebnis dabei heraus:

Während 57% der Kinder, die über zwei Jahre von Tagesmüttern betreut wurden, als uneingeschränkt »gut« entwickelt eingestuft werden konnten, waren es nur 39% der durch ihre Mutter betreuten Kinder.

Für die Frage, ob ein Kind unter Verhaltens- und Entwicklungsstörungen litt, spielte die Qualität der Mutter-Kind-Beziehung eine entscheidende Rolle. Ist diese Beziehung stabil, können Mutter und Kind Konflikte miteinander austragen und gemeinsam nach Lösungen suchen. Bei einer *problematischen* Mutter-Kind-Beziehung zeigen sich die Kinder eher etwas ängstlich oder neigen zu aggressivem Verhalten. Diese Kinder trennen sich nicht so gerne von ihrer Mutter. Auch richtet sich die Aggressivität eher gegen sie als gegen andere Kinder. (Dies ist bei 46% der Familienkinder und 25% der Tageskinder der Fall gewesen.)

Bei einer *auffälligen* Mutter-Kind-Beziehung kann man fast von einem gestörten Verhältnis ausgehen. Mutter und Kind verhalten sich einander gleichermaßen unfreundlich und ablehnend gegenüber: Diese Kinder weisen zudem noch Verhaltensstörungen auf und leiden unter mangelnder Konzentrationsfähigkeit und einem Entwicklungsrückstand. (Dies ist bei 18% der Tageskinder und 15% der Familienkinder der Fall gewesen).

Aufgrund dieser Ereignisse lässt sich die Frage, ob die Betreuung durch eine Tagesmutter einem Kind schadet, mit einem eindeutigen Nein beantworten.

Tagesmütter sollten sich immer wieder vor Augen halten, dass sie gebraucht werden. Und es liegt an uns, wie wir uns unserer Umwelt präsentieren, wie viel Wert wir selber auf Fortbildung legen. Wenn wir der Öffentlichkeit unsere Arbeit nicht mehr als eine Notlösung vermitteln, werden wir auch von öffentlicher Seite mehr Unterstützung bekommen. Vielleicht können wir dann eines Tages von dem eigenständigen Beruf der Tagesmutter sprechen.

Auf welcher rechtlichen Grundlage basiert die Tätigkeit einer Tagesmutter?

Wie eingangs schon erwähnt, gibt es keine Ausbildung zur Tagesmutter. Für Frauen, die nur vorübergehend als Tagesmutter arbeiten möchten, z.B. wenn sie sich im Erziehungsurlaub befinden oder wenn sie, nachdem die eigenen Kinder größer geworden sind, zu Hause bleiben möchten, hat dies viele Vorteile; Nachteile ergeben sich aus dieser Konstellation von ganz alleine.

Es gibt keine Qualifizierung zur Tagesmutter, die rechtlichen Fragen sind rein privat-rechtlicher Natur. Tagesmütter haben keinen Berufsverband im Rücken, der Arbeitszeit, Bezahlung, Urlaub, Arbeitslosigkeit etc. regelt. Es gibt nur sehr wenige gesetzliche Vorlagen, auf die wir uns stützen können. Und auch die Bemühungen, ein Mindestmaß an Qualifikation zu erhalten, gingen mit der Änderung des Gesetztes flöten, da eine Frau erst ab dem vierten Pflegekind verpflichtet ist, beim Jugendamt eine Erlaubnis für die Ausübung ihrer Tätigkeit einzuholen.

Mit der Geburt eines Kindes haben Eltern die rechtliche Sorge für ihr Kind übernommen. Die in dem Gesetz formulierten Vorgaben erscheinen uns zum Teil natürlich, wie z.B., dass wir für das körperliche und geistige Wohlergehen unseres Sprösslings Sorge zu tragen haben. Wir übernehmen die Aufsichtspflicht, wir haben das Recht, den Aufenthaltsort unseres Kindes zu bestimmen, seine Konfession und vieles mehr. Wir haben aber als Eltern auch das Recht, diese Pflichten an jemand anderen für einen kürzeren oder längeren Zeitraum abzugeben. Wenn es sich nicht um Verwandte des Kindes handelt, werden wir in der Regel dafür bezahlen müssen. So können wir unser Kind in die Obhut einer Krippe, eines Kindergartens, eines Hortes oder eben einer Tagesmutter geben.

Ein relativ kurzer und sehr vage gehaltener Gesetzestext aus dem Kinder- und Jugendhilfegesetz vom 15. März 1996 nennt die Grundvoraussetzungen, die für die Betreuung bei einer Tagesmutter wichtig sind. Dort heißt es im §23 dass zur Förderung der Entwicklung des Kindes, insbesondere in den ersten Lebensjahren, auch eine Person vermittelt werden kann, die das Kind für einen Teil des Tages oder ganztags entweder im eigenen Haushalt oder im Haushalt der Personensorgeberechtigten (sprich der Eltern) betreut (also eine Tagespflegeperson).

Dass die Tagespflegeperson und der Personensorgeberechtigte zum Wohle des Kindes zusammenarbeiten sollen. Dass sie Anspruch auf Beratung in allen Fragen der Tagespflege haben. Wird eine geeignete Tagesmutter vermittelt und ist die Förderung des Kindes in der Tagespflege für sein Wohl geeignet und erforderlich, sollen dieser Person, so heißt es weiter, die entstehenden Aufwendungen einschließlich der Kosten der Erziehung ersetzt werden. Zusammenschlüsse von Tagespflegepersonen sollen beraten und unterstützt werden.

Aus dem Gesetzestext lässt sich eindeutig herauslesen, dass die Tagesmutter vor allem als Betreuung für die kleineren Kinder ins Auge gefasst wird. Besonders wichtig ist auch, dass Eltern und Tagesmutter eng zusammenarbeiten sollen. Davon wird in den nächsten Kapiteln noch ausführlich die Rede sein. So sind wir, Tagesmutter und Eltern, zusammen dafür verantwortlich, dass es unserem Kind gut geht, sowohl körperlich als auch seelisch und geistig.

Welche materiellen Aufwendungen zu ersetzen sind, werde ich an anderer Stelle noch genau erläutern. Wie hoch aber setzt man die Kosten für die Erziehung an? Wenn Sie sich Ihre eigene Erziehungsarbeit bezahlen lassen würden, welchen Betrag würden Sie dafür veranschlagen? Läuft die Erziehung nebenher, ergibt sich das aus dem Zusammenleben im Familienverbund? Lässt sich in Zahlen ermessen, wenn ein Kind etwas von einem anderen Kind lernt? Rechnen wir die Stunden zusammen, in denen wir mit den Kindern spielen, ihnen vorlesen, mit ihnen malen und basteln? Wenn wir uns diese Stunden mit 8,- Euro in der Stunde bezahlen lassen würden, könnte kaum jemand eine Tagesmutter, einen Kindergartenplatz oder eine andere Betreuungseinrichtung bezahlen.

Im Endeffekt bleibt es uns Eltern überlassen, wie hoch wir die Erziehung unserer Kinder bewerten und was wir dafür zu zahlen bereit sind.

Über die Qualitäten, die eine Tagesmutter haben sollte, sagt der Gesetzestext so gut wie gar nichts aus. Wir sind auf unsere Intuition angewiesen, sowohl als Tagesmutter als auch als Eltern. Welche Ansprüche wir als Tagesmütter an die Eltern stellen, welche Pflichten wir bereit sind zu übernehmen, welche Ansprüche wir als Eltern an eine Tagesmutter haben, müssen wir selber herausfinden.

Tagesmütter in Österreich und in der Schweiz

Während es in Deutschland keine Ausbildung zur Tagesmutter gibt, bietet der österreichische Bundesverband Bewerberinnen ein vierteljährliches Ausbildungsprogramm an. Voraussetzung hierfür ist, dass die Bewerberin vom Bezirksjugendamt eine Pflegestellenbewilligung erhalten hat.

Ziel der Ausbildung ist die Vermittlung von Grundlagen hinsichtlich der Kindesentwicklung im körperlichen und geistigen Bereich, die Vermittlung von Gesundheits- und Ernährungskenntnissen, die Klärung steuerlicher und rechtlicher Fragen sowie Fragen, die die Zusammenarbeit zwischen Tagesmutter und Eltern betreffen. Zudem ist ein Erste-Hilfe-Kurs vorgeschrieben. Die Kosten für diese Ausbildung werden aus öffentlichen Mitteln getragen.

(Eine Änderung der gesetzlichen Grundlagen für Tagesmütter und deren Ausbildung ist in Österreich seit längerem im Gespräch. Auch dort ist Tagesmutter immer noch kein anerkannter Beruf. Die Bemühungen dazu halten jedoch an. Bitte erfragen Sie die geltenden Bestimmungen bei den örtlichen Beratungsstellen.)

Auf diese Weise wird in Österreich sichergestellt, dass nur wirklich interessierte Frauen diese Ausbildung in Anspruch nehmen und zumindest hinreichend über den Beruf Tagesmutter informiert, ja sogar zur Tagesmutter »ausgebildet« sind. Als qualifizierte Tagesmütter können sie sich bei einer Trägerorganisation anstellen lassen. (Siehe auch S. 181.)

Die Situation von Schweizer Tagesmüttern ist von Kanton zu Kanton sehr unterschiedlich. Die folgenden Informationen basieren im Wesentlichen auf dem Artikel *Mit Familien-anschluss*, der im Januar 1999 in der Schweizer Zeitschrift *Wir Eltern* erschienen ist und für dessen Übermittlung der Redaktion herzlich gedankt sei.

Wer in der Schweiz eine Tagesmutter sucht, sollte sich in seiner Gemeinde erkundigen, ob es vor Ort einen Tageselternverein oder eine Vermittlungsstelle gibt. Auskunft erhalten Sie bei der Tagesfamilien-Fachstelle der Pro Juventute (Adresse siehe S. 198). Dort bekommen Eltern und Tagesmütter auch Informationsmaterial sowie Vertragsformulare, sollten sie an einer privaten Vermittlung interessiert sein und sollte es keinen Verein und keine Vermittlungsstelle in ihrer Nähe geben.

Die Vermittlung über einen Verein hat viele Vorteile:

• Der Verein überprüft die Situation der Tagesfamilie und begleitet in der Regel die Tageskinderverhältnisse.
• Sollten Probleme auftreten, kann ein Dritter vermitteln.
• Die monatliche Abrechnung erfolgt über den Verein, Unstimmigkeiten zwischen Tagesmutter und Eltern in Sachen Bezahlung werden auf diese Weise vermieden.
• Die Tagesmutter ist kollektivversichert. Auskünfte über Privathaftpflichtversicherungen für das Kind erteilt der Verein.
• Der Verein sucht einen Ersatz, sollte die Tagesmutter durch Krankheit oder Unfall ausfallen.

Bei der Tagesfamilien-Fachstelle der Pro Juventute können sich interessierte Eltern und Tagesmütter einen 12-minütigen Videofilm mit dem Titel *Ich bin Tagesmutter* (20,- sFr) bestellen. Hier erhalten Sie auf Wunsch auch die Jubiläumszeitschrift *Tagesfamilien sind eine Lebensform* (8,- sFr) mit nützlichen Informationen zur Vermittlung und Betreuung durch den Verein.

Kinderbetreuung bei einer Tagesmutter: Aufgaben und Pflichten

Auf einige Passagen des zuvor schon angesprochenen Gesetzestextes möchte ich an dieser Stelle noch einmal eingehen. Sie sind besonders gut dazu geeignet, angehenden Tagesmüttern und Eltern von Tageskindern ein genaueres Bild davon zu vermitteln, welche Aufgaben die Tagesmutter im Laufe der Betreuungszeit zu bewältigen hat.

Eine Tagesmutter sollte nicht nur die Fähigkeit haben, mit Kindern umgehen zu können, sondern sie sollte auch organisatorisches Talent, Durchsetzungsvermögen, ein stabiles Nervenkostüm sowie Kreativität besitzen. Der Schwerpunkt ihrer Befähigung liegt aber in ihren sozialen Eigenschaften, die über den Umgang mit Kindern hinausgehen.

Die wichtigste Aufgabe einer Tagesmutter besteht darin, zu dem Kind, das ihr anvertraut ist, behutsam eine tragfähige Beziehung aufzubauen und ihm, aber auch der Mutter, das Gefühl zu geben, dass es gut bei ihr aufgehoben ist. Sie sollte für das Kind ein Mensch sein, auf den es sich verlassen kann, der es beschützt, versorgt, mit ihm spielt und lacht, ihm zuhört und es tröstet, aber auch mit ihm schimpft und streitet. Durch Zuwendung und Vertrauen schafft die Tagesmutter die Basis, auf der ihre Betreuung beruht.

Betrachten wir einige Punkte, die der Gesetzgeber nennt, einmal ausführlicher.

• Die Aufsichtspflicht

Als Tagesmutter habe ich dafür Sorge zu tragen, dass meinem Tageskind kein körperlicher Schaden zugefügt wird und dass es selbst auch keinem anderen Menschen und keiner Sache einen Schaden zufügt. Sollte Ihrem Tageskind etwas passieren, können Sie die Eltern des Kindes in die Haftung nehmen, wenn Sie Ihre Aufsichtspflicht verletzt haben.

Damit Sie als Tagesmutter nicht privat für Schäden am Kind oder an beschädigten Sachgegenständen haftbar gemacht werden können, das heißt, damit Sie nicht aus eigener Tasche dafür aufkommen müssen, sollten Sie unbedingt eine Haftpflichtversicherung abschließen. Diese übernimmt die entsprechenden Kosten, sobald Ihnen eine Aufsichtspflichtverletzung nachgewiesen werden kann.

Übernimmt das Jugendamt die Betreuungskosten des Kindes, fragen Sie auf jeden Fall beim Jugendamt nach, ob es über eine Sammelhaftpflicht verfügt. Sollte dies der Fall sein, sind Sie mitversichert. Das kann kostenfrei sein, manchmal werden Sie die Kosten aber auch selber tragen müssen. Das hat dann zumindest den Vorteil, dass Ihnen der Papierkrieg erspart bleibt. Zudem sind diese Haftpflichtversicherungen in der Regel sehr günstig.

Anders sieht es jedoch bei Kindern aus, deren Eltern privat die Bertreuungskosten übernehmen. Dann brauchen Sie eine eigene Haftpflicht.

Bei einigen Versicherungen besteht die Möglichkeit, eine geringe Zahl an Tageskindern in der Privathaftpflicht mitzuversichern. Die meisten Versicherungen bieten allerdings für Tagesmütter eine gesonderte Berufshaftpflichtversicherung an. Diese Kosten sollten Sie auf jeden Fall auf das Betreuungsgeld umlegen.

Vielleicht werden Sie sich fragen, warum das Thema Aufsichtspflicht überhaupt von Bedeutung ist, wenn doch erst

Kinder ab 7 Jahren schuldfähig sind! Tagesmütter betreuen in der Regel doch die jüngeren Kinder.

Auch wenn Sie glauben, Ihre Aufsichtspflicht nicht verletzt zu haben, wird man immer zunächst versuchen, das Gegenteil dessen zu beweisen. Und es kann schneller gehen, als einem lieb ist, dass man in Haftung genommen wird, vielleicht aus Unkenntnis, was Aufsichtspflicht überhaupt bedeutet. Jedes Gericht, jeder Richter kann diesen Begriff unterschiedlich weit auslegen. Das belegen verschiedene Gerichtsurteile!

Vielleicht haben Sie den Kindern schon oft erklärt, dass sie nicht mit Steinen werfen dürfen, weil dadurch Nachbars Fenster zu Bruch gehen könnte. Sie meinen, Sie hätten Ihrer Aufsichtspflicht dadurch genüge getan und könnten die Kinder auch einmal fünf Minuten allein im Garten lassen. Ein Richter könnte allerdings sagen, dass die Kinder noch nicht alt genug sind, um zu dieser Einsicht zu gelangen, und schon sitzen Sie in der Haftung. Eine Haftpflichtversicherung ist immer noch günstiger, als im Ernstfall 5.000,- Euro oder mehr bezahlen zu müssen.

• Das Aufenthaltsrecht

In der Zeit, in der sich das Tageskind bei Ihnen aufhält, können Sie in Absprache mit den Eltern auch über seinen Aufenthaltsort bestimmen. Bei kleineren Kindern wird das in der Regel Ihre Wohnung sein. Ein Kindergartenkind oder ein Schulkind will aber am Nachmittag auch einmal seine Freunde besuchen. Sie sollten jedoch mit den Eltern festlegen, ob das Kind andere Kinder besuchen darf, wie oft dies der Fall sein kann und ob es bestimmte Kinder gibt, zu denen es auf gar keinen Fall gehen darf. In der Zeit, in der das Tageskind Besuche macht, müssen Sie jedoch für das Kind oder für den Notfall erreichbar sein!

• Die Sorge um das körperliche und seelische Wohlergehen des Kindes

Von der Aufsichtspflicht war schon früher die Rede. Wenn es um das Wohlergehen eines Kindes geht, kann es hier aber nicht nur darum gehen, dass eine Tagesmutter bemerkt, ob ein Kind gerade wegläuft oder dabei ist, vom Balkon zu springen. Viel wichtiger ist, dass eine Tagesmutter auch die Reaktionen und die seelische Verfassung ihres Tageskindes beobachtet. Sie hat, mit anderen Worten, dafür Sorge zu tragen, dass das Kind nicht nur keinen körperlichen, sondern auch keinen seelischen Schaden erleidet. Dabei erfordert gerade das Erkennen von seelischen Beeinträchtigungen oder sogar Schäden ein erhöhtes Einfühlungsvermögen. Manchmal kann das Kind durch das Verhalten der Tagesmutter, durch die anderen Kinder, durch die gesamte Betreuungssituation, aber auch durch die Eltern seelisch benachteiligt oder auch verletzt werden – dies sollte die Tagesmutter erkennen und nach Möglichkeit Abhilfe schaffen oder Maßnahmen ergreifen.

Bitte klären Sie mit den Eltern, inwieweit Sie für ärztliche Besuche zu sorgen haben bzw. wofür die Eltern Sorge tragen, und halten Sie alles Besprochene vertraglich fest. Lassen Sie sich auf jeden Fall den Impfausweis des Kindes zeigen und bestehen Sie darauf, dass fehlende Impfungen nachgeholt werden. Gegen Tetanus sollte jedes Kind geimpft sein, da die Gefahr einer Blutvergiftung durch Schürfwunden immer besteht. In einigen Gebieten kann auch eine »Zeckenimpfung« ratsam sein. Dass Sie kleinere Wunden sofort versorgen, versteht sich eigentlich von selbst. Auch in einem Notfall müssen Sie zuerst den Notarzt verständigen und das Kind medizinisch versorgen, bevor Sie seinen Eltern Bescheid geben.

Im schweren Krankheits- oder Notfall müssen Sie also sofort für ärztliche Hilfe sorgen, aber dann gleich die Eltern informieren. Nehmen wir ein Beispiel: Das Tageskind kommt schon leicht angekränkelt zur Tagesmutter. Nach dem Mittagsschlaf hat sich sein Zustand verschlechtert. Die Tagesmutter sollte in diesem Fall die Eltern benachrichtigen und fragen, ob sie einen Arzt holen soll oder ob die Eltern diese Aufgabe übernehmen, mit ihrem Kind zum Arzt zu gehen.

Als Eltern sollten Sie darauf achten, dass Ihrem Kind immer ein seinem Alter entsprechender Autositz bei der Tagesmutter zur Verfügung steht. Auch wenn die Tagesmutter in der Regel mit Ihrem Kind nicht Auto fährt, im Notfall ein Taxi zu erwischen, das über einen Kindersitz verfügt (wie es hier in Deutschland mittlerweile gesetzlich vorgeschrieben ist), kann auch in Großstädten zu einem Fiasko werden. Die Anschaffung eines gebrauchten Kindersitzes ist im Gegensatz zu einem neuen Autositz über einen Secondhand-Markt relativ günstig.

Sollten Sie als Tagesmutter öfters mit dem Auto unterwegs sein, lassen Sie sich eine schriftliche Erlaubnis von den Eltern zur Mitnahme des Tageskindes geben, ebenso, wie Sie sich als Eltern die ordnungsgemäße Unterbringung im Auto schriftlich bestätigen lassen sollten.

Ein heikles Thema, das leider immer wieder vorkommt, betrifft die Misshandlung von Kindern. Alle Beteiligten sollten wissen: Eltern können und sollten, wenn der begründete Verdacht einer Misshandlung besteht, Tagesmütter, die ihr Kind misshandelt haben, anzeigen. Umgekehrt dürfen und sollten natürlich auch Tagesmütter Eltern anzeigen, wenn sie den Verdacht haben, dass ihr Tageskind zu Hause missbraucht oder misshandelt wird. Bitte rennen Sie aber nicht wegen jedem blauen Fleck zum Arzt und zum Jugendamt. Ihr Verdacht sollte ausreichend begründet und wenn möglich auch abgesichert sein, wenn Sie sich zu einer Anzeige entschließen.

Alle Beteiligten sollten wissen: Unser größtes Anliegen als Tagesmütter ist es natürlich, dass sich die Tageskinder bei uns, in ihrer kleinen Ersatzfamilie, rundherum wohl fühlen. Ich glaube, dass ich auf diesen Punkt nicht weiter eingehen brauche, denn für den Kummer und die Sorgen eines uns anvertrauten Kindes werden wir immer Zeit und ein offenes Ohr haben.

Nach einiger Zeit, wenn wir jedes Kind besser kennen, erkennen wir auch einen versteckten Kummer und wissen, wie wir auf unseren Schützling einzugehen haben.

Ein besonderer Fall liegt vor, wenn die Eltern in Scheidung leben, ein Geschwisterchen erkrankt ist, ein Elternteil verstorben ist. Hier können wir die Eltern ein wenig entlasten und dem Kind in seinem Kummer die Hand geben. Wichtig ist hierbei die enge Zusammenarbeit mit den Eltern.

Sollten Sie sich einmal mit einem Problem überfordert fühlen, wenden Sie sich an eine Beratungsstelle. Dort kann man sich, auch anonym, Hilfestellung geben lassen.

• Die Förderung des Tageskindes

Die Förderung des Tageskindes umfasst die Förderung seiner sinnlichen und körperlich-motorischen Fähigkeiten, die Förderung seines Verstandes, seiner körperlichen und geistigen Ausdrucksmöglichkeiten, seines Selbstvertrauens und seiner Kontaktfähigkeit – das heißt die Förderung jedes seiner einzelnen Entwicklungsschritte.

Natürlich kann die Tagesmutter das Tageskind nur im Rahmen ihrer Möglichkeiten fördern, die von ihren Fähigkeiten und Neigungen, von ihren Erfahrungen, von ihrem Wissen, aber auch von ihren wohnlichen und familiären Verhältnissen bestimmt werden. In jedem Fall sollte sie für sich und für ihr Tageskind die bestmöglichen Voraussetzungen schaffen, die nötig sind, damit sie ihre Aufgabe erfüllen kann.

Das heißt zum Beispiel, dass sie für altersgemäßes und kindgerechtes Spielzeug sorgt und sie dem Kind genügend Spielanregungen zur Verfügung stellt. Wenn die Kinder gerne malen und auch schon versuchen zu basteln, wird sie ihnen verschiedenartiges Malzeug wie Wachsmalstifte, Wasserfarben und Fingermalfarben sowie Papier anbieten. Sie ermuntert die Kinder, alles einmal auszuprobieren. Sie nimmt den Kindern nicht die Arbeit aus der Hand, sollte einmal etwas nicht wie geplant klappen. Aber sie ist doch dabei – hilft, zeigt, macht vor, unterstützt. Durch ein Wechselspiel von Eingreifen und Zurücknahme fördert sie die Selbständigkeit der Kinder, sie fördert sie im Erleben von Erfolgen und führt sie dahin, etwas zu tun, was sie bisher noch nicht kennen gelernt haben. Sie ermutigt sie zu neuen Schritten und darin, auf die eigenen Fähigkeiten zu vertrauen und sie zu erweitern.

Eine Tagesmutter überlässt also die Kinder nicht sich selbst, sondern befasst sich intensiv mit ihnen und bemüht sich, die Entwicklungsschritte des ihr anvertrauten Kindes in allen Bereichen zu unterstützen. Das bedeutet jedoch nicht, dass sie das Tageskind mit einem Förderprogramm »zuschüttet« und damit ihre eigene Kreativität, aber auch die des Kindes erstickt. Sie sollte auf sich vertrauen und ihrem Einfallsreichtum keine Grenzen setzen. Auf die Frage, wie man Kinder in der Tagespflege fördern kann, berichten zwei Tagesmütter:

»Es gibt altersgerechtes Spielmaterial. Manche kleinen Kinder können schon toll mit der Schere umgehen, andere erst mit drei oder vier Jahren. Dies ist ein Fall, in dem man von Kind zu Kind unterscheiden muss, was man macht.

Basteln geht auf jeden Fall. Besonders schön ist es, mit Kleister zu ›basteln‹. Es fördert die Sinne, wenn die Kinder so richtig mit den Fingern im Kleister herumpanschen können. Die eigene Feinmotorik zu spüren, und auszuprobieren,

was schon alles geht. Da können sich schon die ganz Kleinen stundenlang mit beschäftigen.«

»Man muss aber auch genau beobachten, ob die Kinder in der Zeit bei mir lieber basteln oder etwas anderes spielen möchten. Als Selma in den Kindergarten kam, sagte sie einmal zu mir: › Du, Birgit, aber bei dir muss ich nicht auch noch basteln, oder?‹ › Wenn ihr das nicht möchtet, dann frag ich euch, was ihr lieber machen möchtet!‹

Ich zwinge die Kinder auf keinen Fall dazu, alle an einem Tisch zu sitzen und zu malen, wenn sie lieber raus möchten oder eine Kassette anhören wollen. Es war so niedlich, wie Selma meinte: Es würde genügen, im Kindergarten zu basteln, bitte nicht auch noch bei mir. Alle Kinder machen Kindergartenerfahrungen, da wird viel gebastelt, gesungen und so. Bei mir ist Freizeit.«

• Die Zusammenarbeit von Eltern und Tagesmutter

Die Aufgabe, ein Kind zu fördern, kann die Tagesmutter nur in Zusammenarbeit mit den Eltern des Kindes erfüllen. Das bedeutet, dass Tagesmutter und Eltern eine gute Beziehung, zumindest aber ein offenes Verhältnis zueinander haben sollten.

Ein gewisser Kontakt zwischen Tagesmutter und Eltern entsteht durch den täglichen Umgang miteinander von alleine. Und man kann wohl davon ausgehen, dass Eltern und Tagesmutter sich sympathisch sind oder sich zumindest akzeptabel finden. Anderenfalls wäre das Betreuungsverhältnis gar nicht zustande gekommen. Schließlich wird keine Mutter ihr Kind irgendjemandem anvertrauen, sondern nur jemandem, dem sie vertraut. Ebenso wird eine Tagesmutter kein Kind in ihre Obhut und in ihre Wohnung aufnehmen, wenn sie seine Mutter, die sie täglich sieht, von vornherein unsympathisch findet. Für das Kind bildet die Beziehung zwischen Eltern und Tagesmutter eine Brücke, die seine beiden »Zuhause« miteinander verbindet. Je besser diese Brücke trägt, desto leichter kann das Kind von einem Bereich in den anderen wechseln.

Eine lebhafte Kommunikation ist die »Nahrung« jeder guten Beziehung. Eltern und Tagesmutter sollten einen regen Austausch darüber pflegen, was den Tag über alles passiert ist. Indem Eltern und Tagesmutter sich gegenseitig informieren, können beide das Kind besser verstehen, Missverständnisse vermeiden, sich dem Kind gegenüber richtiger verhalten.

Zu einer guten Zusammenarbeit von Tagesmutter und Eltern gehört auch, dass sie offen miteinander umgehen und Konflikte möglichst schnell austragen sollten. Heruntergeschluckter Ärger (über Unpünktlichkeit beim Abholen zum Beispiel) und unausgesprochene Kritik führen zu Spannungen, die die Beziehung belasten und in der Folge auch das Kind verunsichern. Beide sollten also bereit sein, offen ihre Meinung zu sagen, aber auch die Meinung des anderen anzuhören.

Im Extremfall können Ärger und Kritik, wenn sie immer unter den Teppich gekehrt werden, plötzlich ausbrechen und zu einem Abbruch des Betreuungsverhältnisses führen. Für das Kind würde das einen Vertrauensbruch bedeuten, der die Beziehung zu einer neuen Tagesmutter möglicherweise von vornherein belastet.

• Die Erziehung des Tageskindes

Bei Fragen der Erziehung kommt so etwas wie Moral ins Spiel, also das, was man für gut oder schlecht hält. Hier spielt auch das Selbstverständnis, das die Erziehenden von sich selbst haben, eine maßgebliche Rolle. Bei Erziehung geht es immer um Verhaltensnormen und um Begriffe wie »vollwertiges Mitglied der Gesellschaft« (womit in der Regel immer eine bestimmte Gesellschaftsgruppe gemeint ist). Da geht es um Härte oder Weichheit, Strenge oder Nachgiebigkeit, Beschränkung oder Großzügigkeit – also nicht um bestimmte sinnliche, körperlich-motorische oder geistige Fähigkeiten, die man bei einem Kind fördern möchte.

Innerhalb der Tagespflege erzieht die Tagesmutter nicht nur ihre eigenen Kinder, sondern auch die Tageskinder. Sie setzt Grenzen, lobt, tadelt und bringt den Kindern in der Zeit, in der sie bei ihr sind, näher, was sie für gut und richtig hält. Da sich die Erziehung des Kindes nicht nur auf ein Danke- und Bitte-Sagen beschränkt, sondern das Selbstbild eines Menschen und oft auch unbewusste Absichten umfasst, ist dieser Punkt der heikelste in der Tagesbetreuung. Nicht selten sind Eltern und Tagesmutter unterschiedlicher Auffassung, was die Erziehung betrifft. Da die Tagesmutter ihr

Tageskind auch erzieht, sollten Erziehungsstil und Erziehungsziele unbedingt zwischen den Tagespflegepartnern klar dargelegt und Absprachen getroffen werden. Je genauer diese Absprachen getroffen werden, desto weniger Missverständnisse und Anlässe zu Konflikten wird es geben. Und das Tageskind ist weniger einer Verunsicherung ausgesetzt, was es nun darf oder nicht, ob es nun unbedingt Danke sagen soll oder ob ein strahlendes Lächeln genügt, wenn Tagesmutter oder Mutter ihm ein Eis kauft. Wichtig ist auch, dass diese Absprachen verbindlich sind und sich nicht wöchentlich ändern.

Da schadet es auch nicht, wenn bei einer Tagesmutter strengere Regeln herrschen als vielleicht zu Hause. Wenn die Tagesmutter mehrere Kinder betreut, dienen aufgestellte Regeln oftmals der Sicherheit aller Kinder, auch wenn durch diese Regeln ein Kind in seiner Bewegungsfreiheit eingeschränkt wird.

Beim Essen beispielsweise müssen alle Kinder am Tisch sitzen bleiben. Auch wenn eines keinen Hunger hat, kann es nicht im Kinderzimmer bleiben. Erstens hat die Tagesmutter keinen Überblick, ob es nicht gerade etwas Gefährliches anstellt. Zweitens würden die anderen Kinder auch nicht essen wollen, da ihnen das Spiel des anderen Kindes viel interessanter erscheint.

Klare Absprachen über Erziehungsfragen bilden also ein weiteres Fundament, das wesentlich dazu beiträgt, ob die Betreuung erfolgreich verläuft.

Welche Vorzüge hat die Kinderbetreuung durch eine Tages- mutter?

Über den gesetzlich verankerten Auftrag der Tagesmutter hinaus bietet die Betreuung bei einer Tagesmutter im Vergleich zu öffentlich organisierten Betreuungseinrichtungen eine Besonderheit, aus der sich sowohl für das Kind als auch für die Eltern, aber auch für die Tagesmutter oft unschätzbare Vorzüge ergeben.

Diese Besonderheit besteht darin, dass das Kind wie in anderen Einrichtungen auch, also z.b. in der Krippe oder dem Hort, für eine bestimmte Zeit des Tages betreut wird, jedoch in dem privaten Umfeld einer Familie. Das familiäre bzw. individuell private Umfeld bei diesem Betreuungsmodell eröffnet Möglichkeiten, die andere Betreuungsformen nicht haben.

• Vorzüge für die Eltern

• *Freie Absprachen über die Bring- und Abholzeiten.*
Die Tagesmutter bietet die Möglichkeit, Tageskinder auch in Zeiten zu betreuen, in denen Krippe, Kindergarten oder Hort nicht geöffnet haben. Sie kann insofern die Betreuung durch solche Institutionen ergänzen. Einige Tagesmütter bieten Plätze an, bei denen das Tageskind über Nacht bleiben kann, oder sie fangen mit der Tagespflege auch schon mal in der Früh um vier oder fünf Uhr an, wenn die Eltern des Kindes Schichtarbeiter sind.

- *Auch in Notfällen, zum Beispiel, wenn das Kind erkrankt ist und es nicht in die Krippe oder in den Kindergarten darf und die Mutter dann zu Hause bleiben muss, nehmen viele Tagesmütter das kranke Kind trotzdem auf.*

  Je nach Art der Erkrankung sorgt die Tagesmutter für die Medikamenteneinnahme, für ärztliche Versorgung und vor allem für die liebevolle Betreuung, die das Kind jetzt braucht.

- *Im familiären Kreis ist es einfacher, auf eine besondere Ernährung oder Zuwendung Rücksicht zu nehmen.*

  Dies kann vor allem für Kinder wichtig sein, die an Diabetes oder Neurodermitis erkrankt sind oder die unter einer schwierigen privaten Situation leiden, zum Beispiel Scheidungskinder oder Kinder alkoholkranker Eltern. Es hängt ganz von dem Zutrauen der Tagesmutter in ihre Fähigkeiten und von ihrer Erfahrung ab, ob sie diese Kinder betreuen möchte.

- *Mütter, die ihr Kind nur schwer loslassen können, können durch die Unterstützung einer Tagesmutter wertvolle Hilfe erfahren.*

  Eine gute Tagesmutter spricht mit der Mutter über ihre Schwierigkeiten und bietet praktische Lösungen an.

- *Allein erziehende Mütter oder Väter sowie Mütter mit mehreren Kindern, die für ihre Familie täglich 24 Stunden im Einsatz sind, können durch die Unterstützung einer Tagesmutter Entlastung bekommen.*

  Viele Tagesmütter übernehmen ein Kind oder mehrere Kinder an ein oder zwei Tagen in der Woche für nur zwei oder drei Stunden. Dadurch hat die Mutter die Möglichkeit, sich zu erholen und zu neuer Kraft zu finden. Sie lässt sich einfach helfen und unterliegt nicht dem Ehrgeiz, alles alleine schaffen zu müssen.

• Vorzüge für das Kind

- *Da die Betreuung im Haushalt der Eltern oder, in den meisten Fällen, im Haushalt der Tagesmutter stattfindet, wird das Kind nicht aus einer gewohnten Welt herausgerissen.*

Tageskinder erleben bei der Tagesfamilie genauso wie daheim den ganz normalen Alltag. Der Postbote klingelt, sie gehen mit der Tagesmutter einkaufen, machen mit ihr zusammen die Wäsche oder helfen beim Kochen.

- *Das Tageskind lernt nicht nur die Tagesfamilie kennen, sondern auch befreundete Familien und Kinder aus der Nachbarschaft, die zu Besuch kommen.*

Sein sozialer Horizont wird erweitert, der Umgang mit anderen Kindern ist nicht nur auf die vertraute Familie begrenzt.

- *Das Tageskind lernt, dass in anderen Haushalten andere Regeln, ein anderes Miteinander herrschen.*

Es bekommt neben den heimischen Anregungen und Reizen weitere und neue Impulse, die sein Verständnis erweitern und sein Geschick im Umgang mit ungewohnten Situationen fördern.

- *Das Tageskind muss sich zwar einer fremden Umgebung mit anderen Gewohnheiten anpassen, es kann aber ein Stück »Zuhause« mitnehmen.*

Hierzu gehören die Schmusedecke, ohne die beim Mittagsschlaf gar nichts geht, das heiß geliebte Kuscheltier, das eigene Kopfkissen. Die Tagesmutter kann in ihrem Haushalt Rituale, an denen das Kind sehr hängt, durchführen: Beim Mittagessen geben sich alle die Hände und wünschen sich »Guten Appetit«, vor dem Einschlafen singt die Tagesmutter das Einschlaflied, das ihm seine Eltern auch immer vorsingen.

- *Das Kind ist nicht eines unter vielen.*
Der Kreis der Kindergruppe ist auch für die Kleinsten überschaubar, die Tagesmutter hat mehr Zeit, auf die Bedürfnisse eines jeden Kindes einzugehen. Die kleine Kinderzahl – im Gegensatz zu Krippe, Kindergarten oder Hort – ermöglicht der Tagesmutter auch, individuell auf die Fähigkeiten, Begabungen und Vorlieben der Kinder einzugehen. Sie empfangen von der Tagesmutter ein größeres Quantum an Zuwendung, Aufmerksamkeit und Förderung. Es gibt genügend Platz, damit die Persönlichkeit des Kindes und seine Fähigkeiten zur Entfaltung kommen können.

- *Geschwisterersatz*
Die Kinder der Tagesmutter und die Tageskinder werden von der Tagesmutter wie Geschwister behandelt, und nach einiger Zeit fühlen sie sich tatsächlich wie »Teilzeitgeschwister«. Dazu Ulrich, 11 Jahre alt und Sohn einer Tagesmutter: »Eigentlich sind die Tageskinder meine Geschwister, andererseits auch wieder nicht. Geschwister schon, da ich immer jemanden zum Spielen und Blödsinnmachen habe. Sie sind aber auch irgendwie anders als Geschwister. Jeden Abend werden sie abgeholt, an Samstagen und Sonntagen sind sie nicht da. Die Anna ist schon eher ein Geschwisterchen, da sie einmal in der Woche bei uns schläft.«
Ist das Kind ein Einzelkind, wird vor allem der tägliche Umgang mit seinen »Teilzeitgeschwistern« eine völlig neue Erfahrung sein – eine Erfahrung, die es sonst erst im Kindergarten innerhalb einer Gruppe macht. Die »Geschwister« spielen zusammen, streiten miteinander und schließen Kompromisse. Sie erweitern innerhalb der Tagespflege ihren sozialen Horizont und lernen, sich mit anderen Kindern auseinander zu setzen. So fällt es ihnen außerhalb der Tagespflege meistens auch leichter, Anschluss zu anderen Kindern zu finden.

Der andere Vorteil, »Geschwister« zu haben, besteht darin, dass sich Kinder untereinander erziehen, von einander abschauen und lernen. Dies wirkt sich positiv auf ihre Entwicklung aus, da die Kinder mehr »Anschauungsmaterial« geliefert bekommen.

• Vorzüge für die Tagesmutter

- *Der Tagesmutter bietet dieses Betreuungsfeld die Möglichkeit, bei ihren eigenen Kindern zu Hause zu bleiben.*
- *Ist ihr eigenes Kind ein Einzelkind, kann sie ihm durch die Aufnahme von Tageskindern die Möglichkeit bieten, Geschwistererfahrungen zu sammeln.*
- *Die Tagesmutter verrichtet eine sinnvolle pädagogische Arbeit, in der sie wertvolle Erfahrungen und Kenntnisse sammeln kann.*
- *Bei Tagesmütter-Treffen kann sie neue Bekannte/Freunde finden und sich über ihre Arbeit austauschen.*
- *Die Tagesmutter kann sich ein zusätzliches Taschengeld verdienen, viel mehr bietet die Tagespflege bei bis zu zwei betreuten Kindern leider nicht.*
- *Sie braucht sich in ihrem Tagesablauf nicht an vorgegebene Regeln oder Zeiten zu halten.*
  Sie kann das Mittagessen einmal verschieben, wenn die Kinder sehr müde sind, es gibt einmal kalte Küche, wenn es draußen zu heiß ist und die Kinder keinen richtigen Hunger haben.
- *Das Spielangebot lässt sich schneller den momentanen Umständen anpassen.*
  Bei schönem Wetter geht die Reise auf den Spielplatz; bei schlechtem Wetter lässt es sich auch einmal draußen in den Pfützen spielen. Wenn nur zwei Kinder Lust zum Basteln haben, beschäftigen sich die anderen im Kinderzimmer allein oder holen sich etwas zum Spielen mit an den Tisch.

• Die Tagesmutter als Alternative

Die Betreuung durch eine Tagesmutter ist eine sehr zu empfehlende Möglichkeit und Alternative
- für Säuglinge und Kleinkinder bis zum vierten Lebensjahr, die die Geborgenheit einer Familie benötigen;
- für Schulkinder, die nach der Schule in einer Familie betreut werden sollen;
- als Ersatzangebot, wenn kein Kindergartenplatz vorhanden ist, dann allerdings nur bis zum fünften Lebensjahr;
- als Zusatzangebot für verschiedene Ausnahmesituationen.

Kindergarten muss trotzdem sein

Eine Ausnahme zu dem bisher Gesagten bilden Kindergartenkinder. In dem Gerangel um Kindergartenplätze haben auch »Kindergarteneltern« die Tagesmutter als Alternative entdeckt.

Hier teile ich aber die Meinung vieler Psychologen und Pädagogen, dass die Tagesmutter für Kindergartenkinder nur bedingt eine Alternative darstellt. Spätestens ab dem vierten Geburtstag sollte ein Kind den Kindergarten besuchen. In einer großen Kindergartengruppe, in der mittlerweile bis zu 28 Kinder aufgenommen werden dürfen, lernen die Kinder, wie sie sich in eine Gruppe einfügen können, welche Gesetzmäßigkeiten dort herrschen und dass in einer solchen Gruppe alle Kinder die gleichen Rechte in Bezug auf die Erzieherin haben. Die Auseinandersetzung mit Konflikten und deren Lösung bereitet die Kinder in einer Kindergartengruppe auf die Schule vor. Themenbezogenes Spielen, Malen, Basteln und Musizieren in der Gruppe unter der Anleitung einer Erzieherin führt die Kinder in ein gemeinschaftliches Arbeiten und Lernen ein. All dies kann die Tagesmutter in ihrer kleinen Familie nicht leisten.

Die Tagesmutter ist zwar nie ein Ersatz für den Kindergarten, sie kann aber als zusätzliches Angebot fungieren – zum Beispiel bei Kindern, die sich nur schwer von der Mutter lösen können und durch die Tagesmutter darauf vorbereitet werden; gewissermaßen im »Kleinkindergarten« mit Mutterersatz im Hintergrund. Eine Tagesmutter kann auch eingesetzt werden, wenn das Kind im Anschluss an den Kindergarten noch betreut werden soll.

Wenn also kein Kindergartenplatz zu bekommen ist und Sie stattdessen eine Tagesmutter in Anspruch nehmen möchten, dann sollten Sie möglichst darauf achten, dass die Tagesmutter eine größere Kindergruppe betreut. Auf diese Weise herrschen dann dort zumindest annähernd Kindergartenbedingungen. Dies ist auf jeden Fall die bessere Alternative, als das Kind bei sich zu Hause zu behalten. So kann sich Ihr Kind schon einmal auf die Atmosphäre »Kindergarten« mit der täglichen Trennung von der Mutter und der Eingliederung in einen bestehenden Gruppenverband sowie auf andere Gesetzmäßigkeiten einstellen.

Grenzen der Tagespflege

Die meisten Tagesmütter haben keine pädagogische oder medizinische Fachausbildung. Daher können sie (schwer) verhaltensgestörte Kinder in den meisten Fällen nicht aufnehmen. Manche erfahrene Tagesmütter versuchen es trotzdem, wenn sie von den Eltern ausreichend über Art und Ausmaß der Störung informiert werden. Je nachdem, welches Zutrauen sie in ihre eigenen Fähigkeiten hat, wie lange sie schon Tageskinder betreut, nimmt sie Kinder mit Entwicklungsstörungen (zum Beispiel Sprachschwierigkeiten) oder verhaltensgestörte und behinderte Kinder auf. In Absprache mit den Eltern führt sie Sprach- und Bewegungsübungen durch und sorgt für die regelmäßige Einhaltung von Arztterminen oder die Gabe bestimmter Medikamente.

Es gibt Tagesmütter, die durch familiäre Probleme hervorgerufene Entwicklungsverzögerungen und psychische Störungen auffangen können. Dies ist aber nicht die Regel. Haben die Eltern private Probleme, die sich auf die Kinder übertragen, sollten sie daran denken, dass eine Tagesmutter diese nicht vollständig auffangen kann. Sie kann zwar versuchen, dem Kind über einen Teil des Tages ein »heiles« Zuhause zu bieten. Aber die wichtigsten Bezugspersonen eines Kindes sind und bleiben die Eltern. Das Tageskind wird seine Probleme innerhalb der Tagespflege vielleicht für einen gewissen Zeitraum vergessen, aber nicht verarbeiten. Auch wenn die Tagesmutter noch so gut ist, kann sie weder ein Kind aufnehmen, dessen Mutter partout nicht loslassen kann, noch, im umgekehrten Fall, ein Kind, das zu sehr an seiner Mutter hängt. Die Tagespflege würde für alle in einem Fiasko enden.

Ich persönlich glaube, dass sich in diesem Rahmen ein neues Betätigungsfeld für arbeitslose Erzieherinnen oder Kinderpflegerinnen sowie Kinderkrankenschwestern auftut. Aufgrund ihrer Ausbildung und mittlerweile auch sehr vielfältiger, spezieller Zusatzausbildungen können diese Frauen das Angebot an »nicht ausgebildeten« Tagesmüttern ergänzen, indem sie sich als Tagesmutter für medizinische oder pädagogische »Problemkinder« betätigen.

Ich bin der Überzeugung, dass diesen Kindern ein großer Gefallen getan wird, wenn sie vor dem Kindergartenbesuch ein Jahr lang in der kleinen Kindergruppe einer »Fachtagesmutter« betreut werden. Man kann dies auch mit den kleineren Gruppen eines Integrationskindergartens vergleichen.

Vorbereitung für die Tagesmutter

Ich habe starke Nerven, bin aber manchmal genervt. Ich liebe Kinder sehr – frage mich, ob das normal ist. Meinen Sinn für Ordnung habe ich beurlaubt. Die Waschmaschine wurde mir zum Freund. Manchmal sehne ich mich ins Büro zurück.

Eine Tagesmutter

Wenn Sie sich entschlossen haben, ein Tageskind aufzunehmen oder Ihr Kind einer Tagesmutter anzuvertrauen, gibt es eine Reihe von Punkten, die Sie sorgfältig überlegen und planen sollten, bevor Sie konkret auf die Suche nach einer Tagesmutter oder einem Tageskind gehen.

Hierbei handelt es sich zum Teil um praktische Überlegungen, zum Teil um Fragen, die Ihre Einstellung zur Tagespflege betreffen. Die Zeit, die Sie für diese Planungsphase aufwenden, kann Ihnen eine Reihe von Schwierigkeiten ersparen, die durch unzureichende Planung entstehen können und deren Lösung ungleich viel mehr an Zeit erfordert als die gedankliche Vorbereitung.

Eltern sollten auch das Kapitel für die Tagesmutter lesen und umgekehrt die Tagesmutter den Vorbereitungsteil für die Eltern. Der Gesamteindruck, den Sie so gewinnen, wird Ihnen helfen, Ihren Tagespflege-Partner besser zu verstehen und reibungsloser mit ihm zusammenzuarbeiten.

In diesem Kapitel zur Vorbereitung der Tagesmutter soll es zunächst darum gehen, wieso sich Frauen überhaupt dazu entschließen, andere Kinder zu betreuen, welche Motivationen eine gute Grundlage für die Arbeit als Tagesmutter darstellen und wann sie von ihrem Vorhaben eher Abstand nehmen sollten. Ich werde auch auf Fragen eingehen, die unweigerlich bei der Vorbereitung auf ein Tageskind auftauchen: Welche Belastungen kommen auf mich und meine Familie zu? Wie sollten die räumlichen Verhältnisse aussehen? Wie bekomme ich Kontakt zu anderen Tagesmüttern und wieso ist dieser Kontakt überhaupt wichtig und hilfreich?

Die eingangs stehende Aussage einer Tagesmutter lässt ganz gut erkennen, dass man als Tagesmutter eine ganze Reihe von wunderschönen Vorstellungen ad acta legen kann, zum Beispiel die Vorstellung, dass die Kinder immer harmonisch miteinander spielen und man viel Zeit für sich selber hat.

Sie werden viele schöne Situationen mit den Kindern erleben, Sie werden aber auch immer wieder froh sein, wenn die Mutter ihr Kind abholt, weil Sie erschöpft sind. Die Tagespflege bringt Ihnen das Vertrauen eines Kindes. Das kann die schönsten Ausdrucksformen haben: eine Umarmung; wenn es sagt »Ich hab dich lieb«; die Forderung eines Kusses beim Abschied. Ein Kind, das immer etwas schüchtern war, geht vielleicht plötzlich aus sich heraus und kann es am nächsten Morgen gar nicht mehr erwarten, zum Spielen zu Ihnen zu kommen.

Sie sehen, wie sich die Kinder entwickeln, wie beim gemeinsamen Spiel aus dem Nebeneinander der ganz Kleinen immer mehr ein Miteinander wird, wie sie voneinander lernen. Da sitzen zwei kleine völlig verschiedene Menschen beim Essen in ihren Hochstühlen und plötzlich ziehen beide genau dieselbe Schnute. Ein bisher schlechter Esser lässt sich von den »Futterneidern« mitreißen und wird selbst zeitweilig zum »Futterneider«.

Aber die Sache ist zeitweilig auch sehr anstrengend. Wenn es im Kinderzimmer plötzlich sehr still wird, Sie hereinschauen und Ihnen cremeweiße Gesichter entgegenstrahlen. Teppich und Kleidung haben auch etwas von der Creme abbekommen. Sie wissen nicht so genau, ob Sie lachen oder weinen sollen. Oder wäre vielleicht Schimpfen angebracht?

Mit der Betreuung eines Tageskindes kommt auf Sie viel Schönes zu, aber auch mehr Trubel und eine Menge zusätzlicher Arbeit.

• Wie werde ich Tagesmutter?

Im Allgemeinen kann jede Frau, die eigene Kinder und dadurch die nötige Erfahrung im Umgang mit ihnen und ihrer Erziehung hat, als Tagesmutter arbeiten. Auch Frauen ohne eigene Kinder können als Tagesmutter tätig werden, wenn ihnen der Umgang mit Kindern Freude macht. Arbeitslose oder im Erziehungsurlaub befindliche Erzieherinnen, Kinderpflegerinnen oder Kinderkrankenschwestern, sei es mit oder ohne eigenem Kind, bringen ausreichend fachliche Erfahrung aufgrund ihrer Ausbildung mit, um Tagesmutter zu werden. Dennoch sollten auch sie die nächsten Seiten aufmerksam lesen, denn Kinder in der eigenen Wohnung in enger Zusammenarbeit mit den Eltern zu betreuen, eventuell zusammen mit dem eigenen Kind, ist etwas anderes und birgt ganz andere Probleme als der eigentlich erlernte Beruf.

Es gibt keine Ausbildung zur Tagesmutter, wenn auch einige Bundesländer in diese Richtung Vorstöße machen. »Tagesmutter« ist kein anerkannter Beruf. In diesem Sinne kann eine Frau auch keine Tagesmutter »werden«. Sie kann aber durch Erfahrung, Fortbildungskurse und Gespräche mit Kolleginnen ihre Qualifikation beträchtlich erhöhen. Im eigenen Interesse und im Interesse der Kinder sollten Sie sich jedoch an die Richtlinien halten, die von den Jugendämtern und dem Tagesmütter-Bundesverband aufgestellt wurden und die im Folgenden besprochen werden.

• Warum möchte ich Tagesmutter werden?

Zuerst sollten Sie über die Gründe nachdenken, die Sie zu ihrem Entschluss, Tagesmutter werden zu wollen, geführt haben. Ein Hauptgrund ist sicherlich, dass Sie gerne mit Kindern zusammen sind, dass Sie glauben, Ihrem Kind und auch einem anderen eine gute Erziehung bieten zu können und dass Sie diese zusätzliche Aufgabe als Bereicherung erleben.

Für eine Reihe von Tagesmüttern ist es aber mindestens ebenso wichtig, dass ihre Tätigkeit ihnen zum einen ermöglicht, bei ihren Kindern zu Hause bleiben zu können und zum anderen, wenn auch in bescheidenem Ausmaß, zum Familienbudget beizutragen. Einige Tagesmütter nehmen Tageskinder auf, damit das eigene Kind, das vielleicht ein Einzelkind ist, nicht kontaktscheu oder egoistisch wird. Als Tagesmutter können Sie einen echten Erfahrungsschatz sammeln und im Laufe der Zeit zu einer Fachfrau in Sachen Kindesentwicklung werden.

Welche Voraussetzungen sollten erfüllt sein, um als Tagesmutter tätig zu werden?

- Sie sind gerne mit Kindern zusammen und fühlen sich im Umgang, im Spiel und in der Kindeserziehung sicher.
- Sie können voraussichtlich über mehrere Jahre zu bestimmten Tageszeiten ein oder mehrere Kinder bei sich aufnehmen oder im Haushalt einer anderen Familie betreuen.
- Sie sind in der Lage, den Kindern einen geregelten Tagesablauf zu bieten. Sie sind bereit, Einschränkungen in Ihrem persönlichen Leben auf sich zu nehmen.
- Sie kennen die einzelnen Entwicklungsschritte, die ein Kind durchlebt und erfährt (körperliche und persönliche, wie zum Beispiel die Trotzphase) und können diese mit einem fremden Kind durchleben.

Welche Gründe sprechen gegen eine Tätigkeit als Tagesmutter?

- Wenn Sie durch diese Tätigkeit lediglich Geld verdienen möchten;
- wenn Sie nur einen Spielkameraden für Ihr Kind suchen, in der Hoffnung, dadurch selbst mehr Ruhe und Freizeit zu bekommen;
- wenn Sie persönliche Probleme, zum Beispiel Kontaktarmut, Eheprobleme, Probleme mit dem eigenen Kind, durch die Betreuung eines Tageskindes lösen zu können glauben;

- wenn Sie nur einen kurzen Zeitraum zum nächsten Job überbrücken möchten oder sich nicht sicher sind, ein Kind über mehrere Jahre bei sich aufzunehmen;
- wenn Ihr eigenes Kind verstorben ist und Sie einen Ersatz dafür suchen.

In diesen Fällen sollten Sie wirklich Abstand davon nehmen, ein Tageskind zu betreuen. Bei den beiden ersten Punkten liegt die Befürchtung nahe, dass Sie die Kinder viel sich selber überlassen werden, weil Sie nicht wirklich an ihnen interessiert sind und weil Sie die Kinder als Vorwand dafür nehmen, sich eigene Freiräume zu schaffen. Dabei verlieren Sie aber die Ziele der Tagespflege aus den Augen, zu denen der Aufbau einer Beziehung und die aktive Erziehung und Förderung der Kinder gehört. Und dies lässt sich auch nur über einen langen Zeitraum realisieren. Ein Zeitraum über mehrere Jahre ist insbesondere deshalb so wichtig, weil ein häufiger Wechsel des Tageskindes zu einer neuen Tagesmutter seiner Entwicklung nicht gerade förderlich ist. Außerdem können Tageskinder und im Übrigen auch eigene Kinder Ihnen nicht dabei helfen, persönliche Probleme zu lösen. Um Probleme zu lösen oder einen Verlust zu überwinden, benötigen Sie Hilfe von anderen Erwachsenen. Ein Tageskind stellt keine Lösungsmöglichkeit dar.

Welche Veränderungen kommen auf eine Tagesmutter zu?

Ein zusätzliches Kind bedeutet auch eine zusätzliche Belastung. Mütter mit mehreren Kindern wissen das. Der weit verbreiteten Meinung unerfahrener Eltern, auf ein oder mehrere Kinder zusätzlich komme es schließlich auch nicht an, können Mütter mit zwei oder mehr Kindern garantiert widersprechen. Jedes neue Kind ist ein eigenständiges, individuelles Wesen, auf das man sich einstellen und in das man sich einfühlen muss. Jedes Kind will seinen Eigenarten gemäß angenommen und entsprechend gefördert werden. Das zusätzliche Mehr an Hausarbeit, das sich bei einer größeren Kinderzahl automatisch einstellt, und das höhere Maß an Aufmerksamkeit für die Kinder haben zur Folge, dass Sie weniger Zeit für andere Dinge haben. Da heißt es oft, Fünfe gerade sein zu lassen und die anstehende Hausarbeit auf später zu verschieben.

Wenn Sie ein Tageskind aufnehmen, sind Sie verstärkt mit den Kindern zusammen. Sie spielen mehr mit ihnen, Sie lachen, scherzen, toben, basteln, malen mit ihnen. Aber es gibt auch Streit zu schlichten, es gilt zu trösten, Streithähne voneinander zu trennen und wieder miteinander zu versöhnen. Es müssen vier Augen getrocknet, vier angeschlagene Knie verarztet, zwei Schniefnasen geputzt, zwei Kinderseelen gestreichelt werden. Die Kinder halten Sie auf Trab. Jeder Einzelne hat in demselben Moment, alle weit voneinander entfernt, etwas anderes Unsinniges vor. Es ist anstrengend, kleine Ausreißer wieder einzufangen. Sie kochen für eine größere Anzahl von Kindern, haben auch mehr Geschirr. Zum Spazierengehen müssen noch ein oder zwei zusätzliche Kinder angezogen werden. Eventuell wickeln und füttern Sie nicht nur ein Kind, sondern mehrere Kinder. Durch die Aufstellung von Regeln und Grenzen, durch die die Kinder miteinander und voneinander lernen, können sie sich aber auch immer wieder eine Verschnaufpause gönnen. Es kann durchaus passieren – das erlebt zur Zeit unsere Tagesmutter –, dass sich die Kinder ins Spielzimmer zurückziehen und Sie gar nicht im Spiel dabei haben möchten. Sie haben plötzlich »unendlich« viel Zeit, um zum Beispiel den längst überfälligen Bügelberg in Angriff zu nehmen, die morgens links liegen gelassene Zeitung zu studieren oder einfach nur einmal die Seele baumeln zu lassen. Aber hüten sie sich davor, zum

Telefon zu greifen, um mit der Freundin einen Plausch einzulegen. Dies scheint alle Kinder magisch von ihrer derzeitigen Beschäftigung abzulenken, um sich wieder Ihnen zuzuwenden. Tatsächlich sind Sie durch die Tagespflege stärker an Ihre Wohnung gebunden und manchmal mag Ihnen die Ansprache von Erwachsenen fehlen.

Jeden Morgen will der seelische Schmerz beim Abschied der Mutter aufgefangen werden. Sie werden nicht nur von Ihrem eigenen Kind gebraucht, sondern von zweien oder auch von mehreren. Auf diese Weise kommen viele schöne Stunden auf Sie zu, aber auch viele anstrengende.

Sie können mit Ihrem Tageskind, aber auch mit seinen Eltern in schwierige Situationen geraten. Die Mutter ist vielleicht eifersüchtig auf Sie, das Tageskind hängt ungewöhnlich stark an seiner Mutter, vielleicht ist es aggressiv oder auch sehr schüchtern. Möglicherweise streitet es viel oder hat nicht gelernt zu teilen. Ihre eigenen Kinder können mit Eifersucht reagieren oder das Tageskind als einen Eindringling empfinden und ablehnen. Sie benötigen viel Feingefühl, um auf alle Kinder einzugehen und jedem Kind die erforderliche Aufmerksamkeit zu bieten.

Trauen Sie sich zu, mit solchen Situationen fertig zu werden? Das Tageskind ist nicht nur Gast in Ihrer Familie. Es wird zu einem festen Bestandteil — Familienmitglied wäre zu hoch gegriffen — und beansprucht seinen Platz in der Familiengemeinschaft. Können Sie, Ihre Kinder und auch Ihr Partner dem Tageskind diesen Platz einräumen?

Bevor Sie mit der Suche nach einem Tageskind beginnen, sollten Sie sich und Ihrem Partner diese Fragen stellen und herausfinden, ob Sie gemeinsam eine positive Einstellung dazu haben. Weitere Anregungen zu dem Thema »Bin ich eine geeignete Tagesmutter?« finden Sie im *Leitfaden zur Tagespflege*, den Sie beim Bundesverband für Kinderbetreuung in Tagespflege e.V. bekommen (siehe Anhang, Seite 196).

Auf die Frage, was sie angehenden Tagesmüttern empfehlen würde, antwortete eine Tagesmutter wie folgt:

»Die Frauen müssen sich darüber klar sein, dass Schwierigkeiten auftreten können, weniger in Bezug auf die Kinder als vielmehr auf die Eltern. Tagesmütter haben einen harten, aber sehr schönen Job. Die Kinder lassen keine Fehler zu, belohnen einen aber jeden Tag aufs Neue.«

• Welche Räumlichkeiten braucht eine Tagesmutter?

Sie brauchen kein Haus mit Garten, um ein Tageskind bei sich aufzunehmen. Das Tageskind braucht auch kein eigenes Zimmer. Folgendes sollte jedoch zur Verfügung stehen:
• genügend Platz zum Spielen;
• ein Platz, an den sich das Tageskind zurückziehen kann;
• ein Schlafplatz, sollte das Tageskind bei Ihnen schlafen;
• eine dem Alter der Kinder entsprechend abgesicherte und eingerichtete Wohnung;
• ein kindgerecht ausgestattetes Bad mit Toilette.

Meistens erobern kleinere Kinder die ganze Wohnung, da Sie sie ja auch immer in Ihrem Blickfeld haben wollen. Sie spielen dort, wo Sie sich gerade aufhalten, also in der Küche, im Wohnzimmer, ja sogar das Bad dient ihnen als Spielplatz.

Deshalb sollten Sie sich einen Platz vorbehalten, der für die Kinder tabu ist, wo Sie Dinge aufbewahren können, die Ihnen wichtig sind. Am besten ist dafür ein abschließbarer Schrank oder ein Zimmer geeignet, in das die Kinder nicht hineindürfen.

Gehen Sie vor Beginn der Tagespflege durch alle Zimmer und überprüfen Sie sie auf ihre Kindersicherheit. Möglicherweise haben Sie spezielle Kindersicherungen entfernt, da Ihre eigenen Kinder die Gefahren kennen.

Haben Sie ein Haustier? Wenn ja, geben Sie ihm einen Platz, an dem es ungestört ist. Nicht jeder Hund oder jede Katze wird gerne vier bis acht Stunden am Tag »gestreichelt« beziehungsweise ist gern dem ausgesetzt, was die Kinder darunter verstehen. Unsere Katzen fanden es eine Zeit lang lustig, mit den Kindern durch die Wohnung zu jagen. Als sie dann aber auch am Schwanz unterm Bett hervorgeholt wurden, empfanden sie die ganze Sache als nicht mehr so spaßig. Also gab es bei uns bald ein Katzenzimmer, in das die Kinder nicht hinein durften. Auch sollten Sie gerade von ganz kleinen Kindern nicht erwarten, dass sie sich schon an Verbote oder Gebote halten können. Zerbrechliches oder Ihnen Wertvolles sollten Sie in der ersten Zeit lieber wegsperren. Das schont Ihre Nerven, die Sie sicher noch an anderer Stelle gebrauchen können.

• Wo bekommen Tagesmütter Informationen, gibt es Schulungen?

Viele Jugendämter haben für angehende Tagesmütter Vorträge im Programm, in denen auf verschiedene Problemstellungen eingegangen wird. Einige Jugendämter bieten in regelmäßigen Abständen Schulungen zu bestimmten Themen aus der Tagespflege an. Sehr empfehlenswert sind auch so genannte Eingangsseminare, in denen einer angehenden Tagesmutter das ganze Spektrum ihres neuen Betätigungsfeldes

manchmal sehr anschaulich vorgestellt wird. Erkundigen Sie sich auf jeden Fall rechtzeitig bei Ihrem Jugendamt vor Ort danach. Dort können Sie auch Adressen von organisierten Tagesmüttern oder von anderen Verbänden und Tagesmütterverereinen erhalten, die Fortbildungen veranstalten.

Seminare für Mütter und Tagesmütter werden in einigen Städten auch von den Volkshochschulen angeboten. Diese Seminare sind sehr informativ und entsprechend begehrt. Melden Sie sich rechtzeitig an!

Sollten Sie sich aus bestimmten Gründen noch unsicher sein, ob Sie Tagesmutter werden möchten, können Sie sich mit Ihren Fragen an die Sachbearbeiter des Jugendamts wenden und sich dort gezielt beraten lassen.

Haben Sie das Gefühl, dass Sie Erfahrungen aus erster Hand brauchen, sollten Sie eine Tagesmutter suchen, die Ihnen die nötigen Informationen zur Verfügung stellt, die Ihnen aber auch Anregungen für Spiele mit mehreren Kindern sowie Hilfen über Psychologie und Entwicklung der Kinder gibt und die Sie vielleicht ein oder zwei Tage lang zu Hause bei ihrer Arbeit beobachten dürfen.

• Wie lerne ich andere Tagesmütter kennen?

Erkundigen Sie sich bei Ihrem zuständigen Jugendamt, ob es in Ihrer Nähe einen Tagesmutterstammtisch gibt. Ein solcher Stammtisch stellt auch eine gute Informationsquelle dar. Machen Sie einen Aushang im Kindergarten, im Supermarkt: »Tagesmutter sucht Tagesmutter zwecks Erfahrungsaustauschs«.

Besuchen Sie Fortbildungsseminare. Dort lernen Sie andere Tagesmütter kennen, die sich auch weiterhin gerne treffen möchten. Vielleicht stellt sich heraus, dass eine davon in Ihrer Nähe wohnt. Bei gegenseitigen Besuchen oder gemeinsamen

Unternehmungen lernt man sich besser kennen, die Kinder erleben etwas Neues, und Sie haben die Ansprache, die Sie brauchen.

Welche Bedeutung hat überhaupt der Kontakt zu anderen Tagesmüttern?

Sollten Sie sich nicht recht vorstellen können, inwiefern der Kontakt mit anderen Tagesmüttern sinnvoll ist, kann Ihnen der folgende Abschnitt nützen.

In einer Umfrage fragte ich einige Tagesmütter nach der Bedeutung, die der gegenseitige Kontakt für sie hat und was sie daran schätzen. Die Frage nach der Wichtigkeit wurde einstimmig mit »sehr wichtig« beantwortet und folgendermaßen begründet: Genauso, wie sich Arbeitskollegen treffen und berufliche Probleme erörtern, brauchen auch Tagesmütter untereinander Kontakt. Sie kommen häufiger in Situationen – mit den Kindern, mit den Eltern –, in denen Sie sich bei einer Berufskollegin Rat holen möchten, denn schließlich kann sich bei ihrer Tätigkeit eine Reihe von Problemen ergeben. Das kann die Nähe zu den Eltern betreffen, den Kontakt mit dem Tageskind oder das Zusammenwachsen der Kinder untereinander.

»Der Kontakt ist sehr wichtig, für Erfahrungsaustausch beispielsweise, oder wenn es um Urlaubstage oder Behördengänge geht. Wir verabreden uns zum Beispiel auf dem Spielplatz und ich biete meiner Kollegin an, auf ihre Kinder aufzupassen, damit sie ein paar Dinge erledigen kann. Oder wenn man selbst krank ist, kann man eine Kollegin um Unterstützung bitten. Es ist gut, wenn man sich einmal unterhalten kann, wenn der eine oder andere ein Problem hat, man kann andere um Rat fragen, bevor man gleich scharfe Geschütze auffährt. Das ist auch mit den anderen Tagesmüttern auf dem Spielplatz so.«

Eine langjährig erfahrene Tagesmutter und Beraterin des Münchner Familienbüros fasste in einem Interview die wichtigsten Punkte folgendermaßen zusammen:

»Ich würde angehenden Tagesmüttern raten, einen Vorbereitungskurs zu besuchen. Sie sollten versuchen, mit anderen Tagesmüttern zu sprechen, und darauf achten, dass sich Tagesmutter und Eltern gut verstehen. Man muss mit der Mutter gut reden, sich auseinander setzen können. Anfänglich sollte man nur ein Tageskind aufnehmen, es stundenweise oder halbtags betreuen. Ich habe auch nicht mit vier Tageskindern angefangen, sondern bin irgendwann bei vieren gelandet. Ganz wichtig für ›junge‹ Tagesmütter ist der Mut zum Neinsagen. Ein Stolperstein könnte zum Beispiel sein, wenn Eltern sie versuchen zu überreden, Kinder, die älter sind als ihre eigenen, bei sich aufzunehmen. Da hilft nur ein klares Nein.

Als Tagesmutter leide ich immer wieder unter dem Hausfrauen-Syndrom, bin in meinen vier Wänden. Die einzigen, mit denen ich reden kann, sind mein Mann und die Mütter. Deshalb hat man wahrscheinlich als Tagesmutter viel stärker das Bedürfnis, einen Kreis von Gleichgesinnten zu haben, mit denen man sich austauschen kann. Als Tagesmutter habe ich keinen direkten Kollegenkreis. Die Mütter haben ihren Beruf, ihre Kollegen, mit denen sie berufliche oder auch private Schwierigkeiten besprechen können. Wir haben diesen Kontakt nur in Gesprächskreisen und/oder Vereinen und bei Tagesmütter-Stammtischen.«

Vorbereitung für die Eltern

• Warum Eltern eine Tagesmutter suchen

Der Hauptgrund, ein Kind einer Tagesmutter anzuvertrauen, ist in der Regel die Berufstätigkeit der Mutter. Etwa ein Drittel der Mütter mit Kindern unter drei Jahren sind voll oder halbtags berufstätig. Manche von ihnen haben zwei Kinder. Häufig machen wirtschaftliche Gründe eine Berufstätigkeit der Mutter notwendig. Vor allem allein erziehende Mütter sind zur Erwerbstätigkeit gezwungen, wenn sie nicht von der Sozialhilfe oder ihren Verwandten leben wollen.

Einige Mütter befinden sich noch in einer Ausbildung, die sie nicht unterbrechen möchten.

Und dann gibt es auch Mütter – und sie sind sicherlich nicht in der Minderheit –, denen nach ein bis zwei Jahren Babypause zu Hause die Decke auf den Kopf fällt und die eine Berufstätigkeit für ihr seelisches Gleichgewicht brauchen. Andere sind in ihrer beruflichen Karriere so weit gekommen, dass sie trotz Mutterschaft nicht pausieren möchten.

Außer der Berufstätigkeit der Mütter gibt es genügend weitere Gründe, die Betreuung durch eine Tagesmutter in Anspruch zu nehmen:

Das Kind ist ein Einzelkind. Ihm soll so etwas wie ein Geschwisterersatz geboten werden.

Das Kind hat ein behindertes oder chronisch krankes Geschwisterchen, das häufig ins Krankenhaus muss und täglich viel Aufmerksamkeit fordert. Die Eltern möchten ihrem anderen Kind ermöglichen, wenigstens zeitweise in einer »normalen« Umgebung aufzuwachsen und dort vielleicht auch einmal die Hauptperson zu sein.

Den Eltern ist aus beruflichen Gründen nicht möglich, ihrem Kind einen regelmäßigen Tagesablauf zu bieten, aber sie möchten, dass ihr Kind in einem überschaubaren Rahmen aufwächst.

Eine allein erziehende Mutter (oder ein allein erziehender Vater) braucht Zeit, um wieder Kräfte für sich und das Kind zu tanken.

Die Mutter möchte sich zeitweise entlasten, entweder weil sie zu Hause einen Verwandten pflegt, weil ihre Kinder in sehr kurzem Abstand hintereinander geboren wurden oder einfach, weil sie ab und zu Ruhe für sich selber braucht und in der Nähe keine Verwandten hat, die das Kind hin und wieder betreuen.

Welche Gründe Mütter auch immer dafür haben, sich für die Betreuung durch eine Tagesmutter zu entscheiden, sie alle müssen sich innerlich auf die neue Situation einstellen.

• Die Ängste der Mutter

Aus den Gesprächen mit Müttern, die ihre Kinder bei einer Tagesmutter in Pflege geben, aber auch aus eigener Erfahrung kann ich sagen, dass schon die Überlegung, das eigene Kind einer Tagesmutter anzuvertrauen, ein »Sammelsurium« an Gefühlen auslöst.

Da kommen Ängste hoch, ob die Fremdbetreuung dem Kind nicht schadet, Befürchtungen, dass die Tagesmutter das Kind zu stark an sich bindet oder aber es gar nicht bei ihr bleiben möchte, Traurigkeit, dass es nicht mehr nur zu Hause ist – und das alles gepaart mit der Freude auf die Berufstätigkeit: Endlich einmal wieder unter Menschen kommen, die

nicht pausenlos über Kinder reden; eine Aufgabe haben, die nichts mit Kindern zu tun hat; eine saubere Bluse und eine Jeans ohne Flecken tragen – all das war bisher nur ein Traum.

Damit Sie mit einem guten Gefühl Ihr Kind einer Tagesmutter überlassen können, sollten Sie sich vor Beginn mit den eben erwähnten Ängsten befassen.

Wenn Sie Angst vor negativen Folgen durch eine Fremdbetreuung haben, benötigen Sie klare Informationen, durch Grübeln können Sie Ihre Ängste nicht bewältigen. Auf dieses Thema bin ich zu Beginn dieses Buches schon ausführlich eingegangen. Weitere Informationen finden Sie in der Fachliteratur (siehe Anhang, Seite 200). Auf diese Weise gerüstet können Sie auch den verunsichernden Fragen Ihrer Mitmenschen selbstsicher entgegentreten.

Wird mein Kind bei der Tagesmutter
bleiben wollen?

Die Befürchtung, dass Ihr Kind die Tagesmutter lieber haben könnte als Sie, da es einen großen Teil des Tages mit ihr verbringt, wird haltlos, wenn Sie bedenken, dass bei einer intakten Mutter-Kind-Beziehung die Bindung zur Mutter immer die stärkere ist. Kinder wissen, wo ihr Zuhause ist und zu wem sie gehören.

Aus wissenschaftlicher Sicht wurde dies überzeugend nachgewiesen. Der Kinderpsychologe Jerome Kagan hat gezeigt, dass für die Tiefe der Bindung nicht die Quantität, sondern die Qualität der Beziehung grundlegende Bedeutung hat. Die Qualität ergibt sich wiederum aus der Intensität des Zusammenseins mit dem Kind.

Innere Teilnahme und Intensität also sind ausschlaggebend für die Bindung, nicht die Zahl der Stunden, die Ihr Kind in der Pflege verbringt. Ihr Kind nimmt sehr genau wahr, wie gespannt und interessiert Sie ihm zuhören, wenn es etwas erzählt, wie traurig Sie sind, wenn es Schmerzen hat, oder wie sauer und ängstlich Sie sind, wenn es sich in Gefahr bringt. Und da ist die Anteilnahme von Mutter und Vater naturgemäß stärker als die der Tagesmutter, auch wenn sie noch so engagiert und herzlich ist.

Man weiß auch, dass Kinder viel gelassener reagieren, wenn sie in einer befremdlichen Situation mit ihrer Mutter zusammen sind, als wenn sie von ihrer »Ersatzmutter« begleitet werden, die sie immerhin jeden Tag viele Stunden liebevoll umsorgt. Auch hier ist also nicht die Quantität, sondern die Qualität ausschlaggebend für die Tiefe der Bindung. Das soll allerdings auch nicht bedeuten, dass Sie ihr Kind lieber ganz bei sich behalten sollten.

Ob Ihr Kind bei der Tagesmutter bleibt, hängt von der guten Vorbereitung des Kindes auf die neue Situation ab, von der sorgfältigen Suche nach einer geeigneten Tagesmutter und davon, ob Sie die Betreuung durch eine Tagesmutter wirklich wollen.

• Wie alt sollte das Kind zu Beginn der Tagespflege sein?

Ein weiterer wichtiger Punkt, der über den Erfolg der Tagespflege entscheidet, ist das Alter des Kindes. Planen Sie die Wiederaufnahme Ihres Berufslebens rechtzeitig. Die Zeiten für den Beginn einer Tagesmutterbetreuung sind nämlich keineswegs beliebig.

Das Deutsche Jugendinstitut, das in den siebziger Jahren eine ausführliche Studie zum Thema Fremdbetreuung durchgeführt hat, gibt als günstigsten Betreuungsbeginn entweder das Alter vor dem ersten Geburtstag oder die Zeit nach dem vollendeten zweiten Lebensjahr an. Im zweiten Lebensjahr hat sich häufig gezeigt, dass das Kind problematisch auf die Trennung von der Mutter reagiert. Diesen Zusammenhang erklärt die Kinderpsychologin Rita Kohnstamm folgendermaßen:

»Man hat herausgefunden, dass sich die emotionale und soziale Selbständigkeit nicht von Geburt an Tag für Tag geradlinig entwickelt. Im ersten Dreivierteljahr seines Lebens entwickelt ein Kind eine zunehmende emotionale Bindung an einen oder mehrere Menschen. Der Kreis der Menschen, bei denen es sich wohl fühlt, wird kleiner und nicht größer, wie man es bei einer zunehmenden Selbständigkeit erwarten würde. Es liefert sich in zunehmendem Maße dem Wohlwollen einiger weniger Menschen aus, und erst mit 17 oder 18 Monaten, nach einem Höhepunkt der Anhänglichkeit, beobachtet man eine langsame, stetige, aber unaufhaltsame Loslösung, die zur Selbständigkeit führt.«

Wenn Sie Ihr Kind mit 16 Monaten einer Tagesmutter anvertrauen wollen, ist es schwieriger und langwieriger, dass es die Tagesmutter in seinen Kreis der vertrauten Menschen aufnimmt. Wenn Sie mit etwa einem halben Jahr mit der Eingewöhnung beginnen, kann die Tagesmutter noch ohne weiteres ein Mensch in seinem ausgewählten Kreis werden. Achten Sie aber darauf, dass Sie nicht gerade in der Fremdelphase des Kindes mit der Eingewöhnung beginnen. Kinder im Alter von etwa 30 Wochen befinden sich in der Fremdelphase.

• Wie Sie Ihr Kind vorbereiten können

So beachtenswert psychologische Erkenntnisse über die Entwicklung des Kindes sind, entscheidend ist doch immer der Alltag mit seinen eigenen Regeln.

Die Antwort auf die Frage nach der besten Vorbereitung für Ihr Kind könnte darin liegen, dass Sie Ihrem Kind einen vielfältigen Umgang mit anderen Menschen möglich machen. Dieser Umgang sollte aber nach Möglichkeit nicht wöchentlich wechseln. Ihr Kind sollte diese Menschen kennen, nach und nach mit ihnen vertraut werden und Bindungen mit ihnen eingehen dürfen. Gerade Letzteres ist besonders wichtig. Natürlich kann ich zusammen mit meinem Kind viel Zeit mit anderen Erwachsenen und Kindern verbringen, ohne es wirklich loszulassen, ohne aufzuhören, mich wie eine Glucke zu verhalten.

Wenn ich mein Kind immer auf dem Schoß halte, es keinen Kontakt zu Spielkameraden oder zu Erwachsenen aufnehmen lasse, kann es keine Bindungen eingehen und wird dies auch später ungern tun.

Die Geborgenheit, Wärme und Sicherheit und damit überhaupt erst das Vertrauen in sich selbst und seine Umwelt, die Sie Ihrem Kind geben, können durch weitere (vertraute)

Beziehungen gestärkt und vertieft werden. Kinder, denen man die Möglichkeit bietet, zu anderen Menschen Beziehungen aufzubauen, werden diese auch wahrnehmen.

In unserem Mietshaus gab es zum Beispiel viele Familien mit kleinen Kindern. Zwischen den Zwillingen meiner Freundin Gina und meinem Sohn lagen nur 10 Monate Altersunterschied. Bei ihr war immer etwas los. Es gab viel zu schauen und zu erleben für meinen Sohn. Deswegen waren wir fast tagtäglich bei ihr und ihren Kindern. Im Laufe der Zeit entwickelte sich aber nicht nur eine Beziehung zwischen Mirko und den Zwillingen, sondern auch eine Beziehung zu deren Mutter. Wenn Mirko weinte, konnte auch Gina ihn auf den Arm nehmen und trösten, er krabbelte zu ihr hin, wenn er einen Keks oder etwas zu trinken wollte. So kam es, dass ich ohne Befürchtungen auch einmal ohne ihn weggehen konnte, da sich mein Sohn dort geborgen fühlte. Selbst wenn mein Mann und ich abends ausgingen, konnten wir ihn in Ginas Obhut lassen, denn wenn er einmal aufwachte, ließ er sich von ihr ohne weitere Probleme wieder ins Bett bringen. Nachdem er anfänglich gute Erfahrungen gesammelt hatte, war es für ihn auch kein Problem, schneller Zutrauen zu anderen Menschen zu fassen. Selbst die Fremdelphase gestaltete sich mit nur zwei Wochen als unproblematisch.

Dass nicht alle Eltern diese Chance haben, auf unkomplizierte Weise ihre Kinder loszulassen, ist vollkommen klar. Ein Kind, das von seiner Mutter immer herumgetragen wird, möchte irgendwann nicht mehr alleine gelassen werden. Suchen Sie deshalb die Gesellschaft anderer Mütter und Kinder – sei es auf dem Spielplatz, in Eltern-Kind-Gruppen, beim Kinderturnen. In der Gesellschaft mit anderen Kindern fällt es den Kindern leichter, sich einmal von ihrer Mutter zu entfernen. Unternehmen Sie auch den Versuch, Ihr Kind einmal von einer anderen Mutter trösten zu lassen; etwas zu essen oder zu trinken geben zu lassen. Verabreden Sie sich mit dieser Mutter einmal zu Hause. Versuchen Sie, Ihr Kind dort für einige Zeit alleine zu lassen. So lernen Sie und Ihr Kind, voneinander loszulassen.

Ein kleiner Tipp am Rande

In Eltern-Kind-Gruppen oder durch Spielplatz-Bekanntschaften haben sich schon häufig Tagesmutter und Eltern gefunden.

Je besser Sie loslassen können, desto befreiter gehen Sie weg und können die Zeit ohne Ihr Kind auch genießen. Sie wissen, dass Ihr Kind sich auch in einer »fremden« Umgebung wohl fühlt, dass es dort gut aufgehoben ist. Kleine Rückschläge, wenn Ihr Kind nicht bleiben möchte, wenn es beim Abschied kurz weint, wird es immer geben. Ich kenne dieses Gefühl recht gut. Mir hat dann, zu Hause angekommen, immer ein kurzer Telefonanruf bei unserer Tagesmutter geholfen.

Beachten Sie bitte auch, dass Sie nicht mit dem Üben anfangen sollten, wenn Ihr Kind einen schlechten Tag hat oder quengelig ist, weil ein Zahn kommt, eine Erkältung im Anmarsch ist oder es einfach gerade aus irgendeinem anderen Grund fürchterlich schlechte Laune hat. Da braucht es die Nähe der Mutter.

• Was Sie für das Gelingen der Tagespflege mitbringen sollten

Planen Sie genügend Zeit ein!

Zunächst müssen Sie die Zeit einkalkulieren, die Sie für die Suche brauchen. Sie kann erfreulich kurz oder zermürbend lang sein, je nachdem, wie schnell Sie eine geeignete Tagesmutter finden. Sie dürfen auch nicht die Zeit für die Eingewöhnungsphase vergessen, meist umfasst sie zwei bis vier Wochen. Und schließlich brauchen Sie immer wieder genügend Freiraum, um sich von Ihrem Kind oder der Tagesmutter den Tag erzählen zu lassen und um kleinere oder größere Probleme, die auftreten können, aus dem Weg zu räumen.

Bringen Sie Kommunikationsbereitschaft mit!

Damit ein fortwährender Austausch zwischen Ihnen und der Tagesmutter klappt, auch wenn einmal der eine oder andere heikle Punkt zur Sprache kommt, müssen Sie beide die Bereitschaft zeigen, sich auszutauschen und auch am Ball zu bleiben. Die Voraussetzung hierfür ist die Einsicht, dass eine gute Kommunikation wirklich dem Wohl des Kindes dient.

Es kommen Kosten auf Sie zu

Die Tagespflege wird im Allgemeinen von den Eltern selber bezahlt. Nur wenn das gemeinsame Gehalt der Eltern unter einer gewissen Einkommensgrenze liegt, können die Eltern beim Jugendamt Pflegegeldzuschuss beantragen. Voraussetzung dafür ist aber, dass Ihre Tagesmutter beim Jugendamt gemeldet ist. Die zuständigen Sachbearbeiter sind Ihnen gerne beim Ausfüllen der Antragsformulare oder bei der Beantwortung etwaiger Fragen behilflich.

Die Eltern müssen außerdem für alles bezahlen, was über die Betreuung und das Essen hinausgeht. Windeln und Gläschenkost zum Beispiel müssen von den Eltern gestellt werden. Bei Ausflügen zahlen die Eltern Eintritt und andere Extras – ein Eis oder die Fahrt mit der Kindereisenbahn. (Achten Sie bitte unbedingt auf pünktliche Zahlung. Für eine Tagesmutter gibt es fast nichts Ärgerlicheres als unpünktliche Abholer oder Zahler.)

• Geschwister trennen?

Wenn Sie zwei Kinder unterbringen wollen, die sich ständig in den Haaren liegen, überlegen Sie möglicherweise, ob Sie nicht zwei Tagesmütter suchen sollten.

Vielleicht steht das kleinere oder größere Kind im Schatten des Bruders oder der Schwester und soll die Gelegenheit bekommen, sich freizuschwimmen. Eine gute Lösung kann dies auch sein, wenn ein Kind zu Hause ein behindertes oder chronisch krankes Geschwisterchen hat, das doch ein Mehr an Aufmerksamkeit braucht. Bei einer getrennten Unterbringung können Sie dem Kind, das zu Hause zu kurz kommt, die Chance geben, einmal selber wieder im Mittelpunkt zu stehen. Dann sollten Sie aber darauf achten, dass Ihre Tagesmutter keine weiteren Kinder betreut (zumindest nicht in der Zeit, in der Sie Ihr Kind bei ihr unterbringen möchten), da dieser Effekt dann aufgehoben wäre.

Anfänglich haben auch wir überlegt, ob wir unseren eifersüchtigen Ältesten nicht bei einer anderen Tagesmutter unterbringen sollten als seine kleine Schwester, um den ständigen Kleinkrieg zwischen den beiden durch eine räumliche Trennung zumindest für einen Teil des Tages zu unterbrechen. Wir haben uns nach gründlicher Überlegung doch für eine gemeinsame Unterbringung unserer Kinder entschieden. Nicht nur, dass sich bei unserem ersten Besuch bei Susanne unsere Tochter sehr an ihrem Bruder festhielt, schon die veränderte Situation bei der Tagesmutter hat bei unseren Kindern zu einer Entspannung geführt. Der Grund zur Eifersucht, die Mama, war nicht mehr zugegen. Abgesehen davon waren beide froh, in der neuen Situation einen vertrauten Menschen bei sich zu haben. Mirko fing sogar an, eine Art Beschützerinstinkt zu entwickeln, wenn ein anderes Kind seiner kleinen Schwester etwas wegnehmen wollte.

Jetzt, nach ein paar Jahren, kann ich eigentlich nur von Glück reden, dass wir uns für eine gemeinsame Tagesmutter entschieden haben. Auch wenn die beiden immer wieder wie Hund und Katz sind, haben sie doch »gelernt«, wie wichtig es ist und wie gut es tut, wenn einer für den anderen einsteht. Wenn Sie für Ihre Kinder zwei Tagesmütter suchen möchten, bedenken Sie den Nachteil des erheblichen Mehraufwands an Zeit. Sie und die Kinder müssen früher aufstehen, damit dieses Mehr an Zeit wieder hereingeholt wird und Sie trotzdem pünktlich zur Arbeit kommen. Abends wird eines der Kinder immer gehetzt, damit auch das zweite rechtzeitig abgeholt werden kann. Wie dem auch sei, die Frage will gut überlegt sein. Wenn Sie alleine zu keinem Schluss kommen, können Sie einen Fachmann zu Rate ziehen. Die Betreuer der verschiedenen Institutionen beleuchten die Sache von allen Seiten und helfen Ihnen bei Ihrer Entscheidung.

So finden Eltern und Tagesmütter den geeigneten Tagespflegepartner

Wenn Mutter und Tagesmutter sich ihrer Sache sicher sind, kann die Suche beginnen. Jetzt gilt es zu überlegen, welche Einzelheiten Sie mit Ihrem Tagespflegepartner in spe besprechen müssen. Aber zunächst zur Suche.

Es gibt viele Wege, eine Tagesmutter oder ein Tageskind zu finden. Bei einigen der hier beschriebenen Möglichkeiten erhalten Sie fachmännische Beratung, bei den anderen sind Sie auf sich alleine gestellt. Gute Erfahrungen habe ich mit einer Kombination aus beidem gemacht.

• Das Jugendamt

Ein sinnvoller und erster Schritt scheint mir der Weg zum Jugendamt zu sein. Das Jugendamt verfügt über eine Kartei von suchenden Müttern und Tagesmüttern, die stichpunktartig Basisinformationen über die Suchenden enthält. Dadurch ersparen Sie sich überflüssige Telefongespräche. Die Berater des Jugendamtes suchen nämlich aus der Vielzahl der Eltern und Tagesmütter, die sich bei ihnen vorgestellt haben, die füreinander geeigneten Partner heraus. Oft fragen sie bei der Tagesmutter nach, ob die angebotenen Plätze noch frei sind, und informieren sie über die Erwartungen der Eltern, die sich bei ihr melden werden. Auf diese Weise bekommen Eltern in den meisten Fällen Telefonnummern von Tagesmüttern, die die gleichen Vorstellungen haben wie sie.

68

Als Tagesmutter sollten Sie allerdings bedenken, dass freie Tagesplätze gerade in den Großstädten eine Rarität sind. Es kann durchaus vorkommen, dass das Jugendamt Ihnen ein Tageskind vermitteln möchte, dessen Mutter dringend einen Platz braucht, Sie mit ihren Vorstellungen aber nicht übereinstimmen. Da hilft nur eines: Ein klares Nein. Es bringt weder Ihnen noch der Mutter etwas, wenn Sie sich aus Mitleid breitschlagen lassen.

Abgesehen von der Unterstützung bei der Suche bietet die Meldung beim Jugendamt für Tagesmutter und Mutter eine Reihe von Vorteilen.

Für die Tagesmutter besteht die Möglichkeit, über das Jugendamt eine Rentenversicherung zu erhalten, sollte es eine solche geben und sie die hierfür notwendigen Voraussetzungen erfüllen. Verfügt das Jugendamt über eine Sammelhaftpflicht-Versicherung, ist sie automatisch abgesichert. Darüber hinaus informiert das Jugendamt seine »Klienten« über alle aktuellen Fortbildungsangebote.

Den Eltern hilft das Jugendamt auch durch beratende Gespräche über den Pflegegeldzuschuss. Sie erfahren dort, welche Einkommensgrenzen vorliegen und welche Unterlagen für einen Antrag benötigt werden. Manche Jugendämter bieten mittlerweile auch Seminare für Eltern an. Wenn Sie sich beim Jugendamt melden, werden Sie automatisch über aktuelle Angebote informiert.

Vorteilhaft für die Eltern ist, dass beim Jugendamt gemeldete Tagesmütter meistens ein Gesundheitszeugnis und ein polizeiliches Führungszeugnis vorlegen müssen. So haben Sie wenigstens eine gewisse Garantie für die Seriosität der Tagesmutter.

Für beide Tagespflegepartner ist ein Anfangskontakt mit den Sachbearbeitern vom Jugendamt auch im Hinblick auf mögliche spätere Schwierigkeiten innerhalb der Tagespflege günstig. Sollten Sie einmal fachliche Beratung benötigen, kennen die zuständigen BeraterInnen Sie schon und können leichter vermitteln, als wenn sie auf unbekannte Personen treffen, sofern Sie sich auf dem Freien Markt eine Tagesmutter gesucht haben.

• Andere Institutionen

Es gibt noch andere Institutionen, die Tagesmütter vermitteln. Es kann sich zum Beispiel lohnen, einmal bei der Nachbarschaftshilfe, bei kirchlichen Verbänden, beispielsweise der Caritas, oder beim Bundesverband für Kinder in Tagespflege (siehe Anhang, Seite 195) nachzufragen. Dort wird man Ihnen mitteilen, ob die Institution selber oder ein angegliederter Verband Tagesmütter und Eltern vermittelt und welche Beratungen diese anbieten. Dies ist aber häufig mit mehr Telefonaten als beim Jugendamt verbunden (bis mir jemand eine genaue Auskunft geben konnte, hatte ich schon eine Stunde am Telefon verbracht!). Dennoch lohnt sich der Mehraufwand.

Die Institutionen betreuen einen kleineren Tagesmütterverband. Sie kennen ihre Tagesmütter meistens besser und wissen genau, zu welcher Tagesmutter welches Kind und seine Eltern passen könnten. Die Tagesmütter sind oft eher bereit, sich fortbilden zu lassen, und der Verband kümmert sich auch darum, dass die Tagesmutter nicht allein gelassen wird.

Tagesmütterstammtische sind eine Einrichtung, die von privaten Institutionen eingerichtet worden sind und die später auch auf Initiative der Jugendämter mit in die Tagesmütterbetreuung übernommen wurden.

»Das Kinderbüro« (siehe Anhang, Seite 195) ist eine private Institution, die für Angestellte vieler Firmen Tagesmütter sucht. Die Firmen zahlen der Tagesmutter einen Beitrag zur Rentenversicherung. Das Kinderbüro sorgt für eine weiterführende Ausbildung der Tagesmutter – nicht nur im Umgang mit Problemen in der Tagespflege oder in Fragen der Kinderpsychologie –, sondern organisiert auch Erste-Hilfe-Kurse oder zwanglose Treffen von Tagesmüttern. Es bietet außer Seminaren und Vorträgen auch gezielte Beratungen für Tagesmütter und Informationen zum Pflegegeldzuschuss an.

Der Vorteil: Tagesmütter müssen nur beim Jugendamt gemeldet sein, wenn die Eltern Pflegegeldzuschuss bekommen.

Der Nachteil: Privat suchende Eltern können sich in der Regel nicht an das Kinderbüro wenden, da die Vermittlung von Tagesmüttern an Firmen gebunden ist. Nur in Einzelfällen vermittelt das Kinderbüro auch Tagesmütter an privat suchende Eltern. Dafür verlangt es aber eine beträchtliche Vermittlungsgebühr.

• Private Möglichkeiten

Auch wenn Sie bereits die öffentlichen Möglichkeiten ausschöpfen, sollten Sie die Privatinitiative nicht vernachlässigen. Während Tagesmütter sehr gesucht sind und ihnen die Tageskinder scheinbar nur so zufliegen, müssen Eltern häufig längere Zeit warten, bis sie vom Jugendamt eine eventuell in Frage kommende Tagesfamilie vermittelt bekommen.

Gerade in Großstädten ist Eigeninitiative unabdingbar, wenn Sie zumindest zwei oder drei Tagesmütter zur Auswahl haben wollen. Sie können zum Beispiel die Stellengesuche in der Tageszeitung und dem Wochenblatt oder die Aushänge im Supermarkt und Kindergarten studieren oder dort selber annoncieren. Unter den Stellenangeboten findet man häufig Anzeigen wie »Suche Tagesmutter« oder »Tagesmutter bietet Platz für ...«. Am schwarzen Brett des Kindergartens, der Schule oder auch des örtlichen Supermarktes hängen Zettel mit dem Aufruf »Tagesmutter/Tageskind gesucht«.

Eine andere Möglichkeit ist, sich rechtzeitig im Freundes- und Bekanntenkreis umzuhören, ob nicht jemand eine Tagesmutter kennt oder ein Tageskind sucht. Sprechen Sie ruhig auch andere Eltern auf dem Spielplatz oder in Eltern-Kind-Gruppen an, ob diese nicht eine Tagesmutter kennen oder jemanden, der ein Tageskind sucht.

Bitte beachten Sie: Eine Tagespflegepartnerschaft, die direkt im Freundeskreis begonnen wird, kann durchaus zum Problem werden. Eine Tagesmutter berichtete auf einem Seminar, dass ihr erstes Tageskind das Kind einer Freundin war. »Auf einen Vertrag haben wir verzichtet. Man kannte sich ja, da schien ein Vertrag nur überflüssig zu sein.« Der Streit begann damit, dass die Mutter ihre Kinder nach einiger Zeit nicht mehr pünktlich abholte, sich sogar um Stunden verspätete. Es war ja die Freundin, die würde das sicher verstehen. Außerdem war sie ja sowieso zu Hause, die Kinder spielten miteinander und machten ihr keine großartige Arbeit. Hinzu kam, dass die beiden Freundinnen nach und nach merkten, dass sie auch äußerst unterschiedliche Erziehungsauffassungen hatten. Die Tagespflege endete in einem großen Krach, der zugleich das Ende einer langjährigen Freundschaft bedeutete. Und die Tagesmutter wird nie wieder Kinder von Freunden aufnehmen.

Damit es bei Ihnen nie soweit kommt, sollten Sie jede Freundin, mit der Sie eine Tagespflegepartnerschaft eingehen, wie einen Geschäftspartner behandeln. Machen Sie einen korrekten Vertrag, und sprechen Sie auch unwichtig erscheinende Punkte ab (siehe Seite 74 ff.), bei denen Sie Übereinstimmung eigentlich für selbstverständlich halten.

Auf meine Frage, wie wichtig vertragliche Absicherungen für eine Tagesmutter sind, antwortete mir eine Tagesmutter: »Vertragliche Absicherungen sind für Tagesmütter sehr wichtig, da man sonst keinerlei Sicherheiten als Tagesmutter besitzt. Da kann es passieren, dass eine abgebende Mutter eines Tages sagt: › Ab morgen kommt mein Kind nicht mehr zu dir.‹

Wenn im Vertrag eine einmonatige Kündigungsfrist festgehalten wurde, die dann nicht eingehalten wird, kann die Tagesmutter belegen, dass sie Anspruch auf das Geld hat, und sitzt nicht mit einem unbezahlten, freien Tagespflegeplatz zu Hause. Oder die Regelung mit der Abholzeit. Man legt fest, dass das Kind um 13 oder 15 Uhr abgeholt wird, wenn die Mutter das Kind aber erst um 20 Uhr abholt, muss sie für die Mehrarbeit finanziell aufkommen.«

Generell lässt sich feststellen: Wenn man eine Tagespflege überstürzt anfängt und/oder mangelhafte Absprachen trifft über Bezahlung und Ersatzbetreuung und man auch nicht darauf achtet, dass die Kinder zusammenpassen, sind die Voraussetzungen für eine gelungene Tagespflege äußerst ungünstig.

Checkliste:
Worüber sich Eltern
und Tagesmutter
vorab einigen sollten

Welche Voraussetzungen müssen denn tatsächlich erfüllt sein, damit die Tagespflege ein Erfolg wird?

Am besten arbeiten Sie mit einer Checkliste, in der Sie die wichtigsten Punkte nach ihrer Priorität auflisten, zum Beispiel:

1. Zeit der Betreuung
2. Ort der Betreuung
3. Kosten
4. Alter der Kinder
5. Erziehung

Eine solche Checkliste ist für Eltern und Tagesmutter gleichermaßen nützlich. Bei den ersten vier Punkten müssen beide Partner übereinstimmen, damit ein Tagespflegeverhältnis und ein direktes Gespräch überhaupt sinnvoll sind. Vielleicht sind für Sie auch noch andere Punkte unabdingbar. Wenn Ihr Kind zum Beispiel allergisch auf Katzen reagiert, müssen Sie diesen Punkt bereits in dem ersten Telefongespräch erwähnen.

Auf Seite 85 ff. (für die Tagesmutter) und Seite 88 ff. (für die Eltern) finden sie Modell-Checklisten, die Sie nach Ihren Vorstellungen abwandeln können. Die für eine Checkliste erforderlichen Aspekte seien im Folgenden kurz erläutert:

Betreuungszeit und Dauer der Tagespflege

In welchem Tageszeitraum möchten Sie Ihr Kind in die Obhut einer Tagesmutter geben/ein Kind betreuen? Soll das

Tageskind ganztags, halbtags, vormittags, nachmittags in Betreuung genommen/gegeben werden? Schreiben Sie sich die Uhrzeiten auf, zu denen das Kind frühestens/spätestens gebracht beziehungsweise geholt werden muss.

Wie viele Monate/Jahre soll das Tageskind von einer Tagesmutter betreut werden? Für welchen Zeitraum möchten Sie als Tagesmutter tätig sein? Suchen Sie möglichst einen Partner, bei dem für das Kind keine zweite Tagesmutter nötig wird und es sich nicht noch einmal eingewöhnen muss.

Tagespflegeort

Soll die Tagesmutter ins eigene Haus kommen? Dies tun allerdings nur sehr wenige Tagesmütter. Stellen Sie sich auf eine längere Suche ein!

Möchte ich ein Tageskind nur bei mir zu Hause betreuen, oder kann ich mit meinem Kind auch in das Haus der Eltern gehen?

Alter der Kinder

Wie alt soll das Tageskind oder sollen die Kinder der Tagesmutter sein? Beachten Sie bitte, dass das älteste Kind der Tagesmutter mindestens ein halbes Jahr älter als das Tageskind sein sollte, damit sich die Tagesmutter auf die Entwicklung des Tageskindes in diesem Lebensabschnitt einstellen kann. Dies gilt vor allem für Kinder im Alter von bis zu etwa zwei Jahren, da sich die Kinder in dieser Zeit sehr schnell entwickeln. Der größte Bedarf an Tagesmüttern liegt bei Kindern vor dem Kindergarteneintritt.

Möchten Sie als Tagesmutter noch ein Wickelkind aufnehmen? Beachten Sie, dass Sie möglicherweise für Säuglinge und Kleinkinder Ihre Küche noch einmal umstellen müssen.

Pflegegeld

Wie viel Pflegegeld Sie als Tagesmutter verlangen und wie viel Sie als Eltern zahlen, sollte sich am ortsüblichen Stundensatz, den das Jugendamt bezahlt, orientieren. Halten Sie auf jeden Fall vertraglich fest, was im Pflegegeld enthalten ist, welche Extras von den Eltern übernommen werden sollen. Auf das Pflegegeld werde ich später noch näher eingehen (siehe Seite 178 ff.).

Erziehungsstil

Möchten Sie, dass sich der Erziehungsstil der Tagespflegepartner ähnelt, oder können Sie auch mit einem anderen Erziehungsstil leben? (Bitte lesen Sie dazu das Kapitel *Erziehung*, Seite 91 ff.)

Diese fünf Punkte stellen das Grundgerüst der Tagespflege dar. Bei alledem sollten Sie keine Kompromisse eingehen oder sich nicht zu etwas anderem überreden lassen, als was Sie sich vorstellen. Bei den nächsten Punkten müssen Eltern und Tagesmutter eine individuelle Prioritätenliste erstellen. Notieren Sie Dinge, die unabdingbar notwendig sind, und Bereiche, über die Sie mit sich reden lassen. Doch auch hier ist Vorsicht geboten. Wenn Sie zu Kompromissen bereit sind, sollten Sie sich überlegen, wie weitreichend diese sein können.

Nehmen Sie Ihre Checkliste bei den ersten Besuchen mit und haken Sie ab, was schon geklärt wurde. Vielleicht fällt Ihnen ja noch die eine oder andere Frage ein, die Sie beantwortet haben möchten. Notieren Sie sich diese Fragen, damit sie nicht in Vergessenheit geraten.

Betreuung bei Krankheit

Die Regelung für den Krankheitsfall ist nicht ganz einfach. Es können nämlich nicht nur das Tageskind, sondern auch die Tagesmutter oder eines ihrer Kinder krank werden. Die Tagespflegepartner müssen zum Beispiel klären, bei welchen Krankheiten das Tageskind kommen darf und bei welchen es zu Hause bleiben muss. Ist dies erst der Fall bei Fieber mit über 38 Grad oder bereits bei einem einfachen Schnupfen?

Es ist zudem zu bedenken, ob die Tagespflege auch dann bezahlt wird, wenn sie aus Krankheitsgründen – sei dies aufseiten der Tagesmutter oder des Tageskindes – ausfällt.

Offiziell hat die Tagesmutter kein Recht auf Vergütung, wenn sie selber krank wird, weil sie keine renten- und sozialversicherte Angestellte der Eltern ist. Aus dem gleichen Grund hat sie auch kein Anrecht auf bezahlten Pflegeurlaub, wenn eines ihrer Kinder so krank ist, dass sie sich nicht um die Tageskinder kümmern kann. Das Jugendamt zahlt nur die Stunden, in denen sich die Tagesmutter tatsächlich um das Kind kümmert.

Aber: Die Tagesmutter bekommt für ihre Arbeit ohnehin eine so geringe finanzielle Vergütung, dass man bei Betreuungsausfällen ruhig ein bisschen großzügiger sein sollte. Abgesehen davon hat so manche Tagesmutter es gar nicht nötig, sich auf Bedingungen einzulassen, die für sie alles andere als günstig sind. Es gibt schließlich genug Eltern, die eine Tagesbetreuung suchen.

Außerdem kann die abgebende Mutter meist ihre gesetzlich verbürgten Kinderbetreuungstage in Anspruch nehmen, ohne irgendwelche finanziellen Einbußen zu haben.

Für den Fall, dass die Tagesmutter erkrankt, gibt es auch »Springerinnen«. Dies sind Frauen, die meist vom Jugendamt gestellt werden und die bei Krankheit oder Urlaub der Tagesmutter für sie einspringen können. Auf diese Weise kann die Mutter trotzdem arbeiten gehen.

Wie auch immer Sie diesen Punkt handhaben wollen: Besprechen Sie ihn vor Beginn der Tagespflege, denn beim Geld hört – leider oft – die Freundschaft auf.

Noch ein Tipp für den Krankheitsfall des Tageskindes

Als Eltern müssen Sie der Tagesmutter eine Vollmacht für Ihr Kind ausstellen, dass sie – im Notfall oder wenn Sie verhindert sind – mit dem Kind zum Arzt gehen darf. Darin müssen Name, Adresse und Geburtsdatum festgehalten sein. Außerdem: bei welchem Elternteil das Kind mitversichert ist sowie das Geburtsdatum desselben; die Namen und Adressen des behandelnden Kinderarztes, des Zahnarztes und des Krankenhauses, in das Sie im Notfall Ihr Kind bringen würden. Schreiben Sie auch die Nummer der Versichertenkarte dazu. Oft fragen die Ärzte danach, wenn keine Karte vorhanden ist. Sie können auch versuchen, bei Ihrer Krankenkasse eine zweite Chipkarte für die Tagesmutter zu bekommen. Manche Kassen stellen eine solche aus.

Anzahl der Kinder

Die geeignete Kinderzahl hängt von den Vorstellungen ab, die die Eltern von der Tagespflege haben. Wenn die Eltern das Gefühl haben, ihr Kind bräuchte intensivere Zuwendung, ist natürlich eine kleinere Kinderzahl sinnvoll. Wenn das Kind schon eine Vorbereitung auf den Kindergarten braucht, ist eine größere Gruppe erstrebenswert. Die Tagesmutter sollte nur so viele Kinder aufnehmen, wie sie betreuen kann, ohne sich zu überfordern. Das hängt natürlich entscheidend von Alter und Charakter der Kinder (ruhige oder lebendige Kinder) und von den Räumlichkeiten ab. Denken Sie auch an das Nervenkostüm Ihrer Familie. Beachten Sie: Als Tagesmutter benötigen Sie ab dem vierten Tageskind vom Jugendamt eine Pflegeerlaubnis.

Soziales Umfeld

Nicht alle Eltern möchten eine allein erziehende oder geschiedene Tagesmutter, und nicht jede Tagesmutter möchte ein Scheidungskind oder ein Kind allein erziehender Mütter oder Väter aufnehmen. Im zweiten Fall ist die Ablehnung in der Angst vor eventuellen Problemkindern begründet sowie in der Sorge, dass allein erziehende Mütter oder Väter vonseiten der Tagesmutter viel mehr Ansprache und Verständnis benötigen.

Eine Tagesmutter, die viele Kinder allein erziehender Mütter betreut, sagte dazu Folgendes:

»Nicht nur die Kinder sind schwieriger und brauchen vermehrte Zuwendung, sondern auch die Mütter. Sie leiden mehr unter der Doppelbelastung von Beruf und Kind, haben fast keine Zeit für sich. Eines unserer Tageskinder schläft deshalb einmal in der Woche bei uns, damit die Mutter ein wenig Freiraum hat, wieder Luft zum Atmen bekommt. Natürlich gibt es auch viele Alleinerziehende, die ihre Situation großartig meistern, aber eine große Anzahl hat Probleme damit.«

Manche Eltern haben auch eine gewisse Vorstellung davon, welche Schulbildung die Tagesmutter haben sollte, damit sie ihnen in Gesprächen nicht überlegen oder nicht unterlegen ist. Einige setzen auch eine höhere Schulbildung mit der zu erwartenden besseren Förderung des Kindes gleich. Meiner Erfahrung nach ist das ein Irrtum. Ich kenne Mütter mit Hochschulabschluss, die für jede Spielanregung dankbar sind, weil ihnen selber nichts einfällt, und solche mit Hauptschulabschluss, die Kinder mit einem beinahe unerschöpflichen Reichtum an Spielideen beglücken.

Ernährung

Machen Sie sich als Tagesmutter Gedanken darüber, wie Sie kochen. Kochen Sie eher vollwertig, bevorzugen Sie normale Hausmannsküche oder ernähren Sie sich vielleicht vegetarisch? Sind Sie bereit, Ihre Küche umzustellen, weil ein Tageskind auf bestimmte Nährstoffe allergisch reagiert?

Als Eltern sollten Sie sich überlegen, ob Sie für Ihr Kind eine ähnliche Ernährung bei der Tagesmutter wünschen wie zu Hause oder ob die Tagesmutter nach ihren eigenen Vorstellungen und Gewohnheiten kochen kann.

Süßigkeiten

Die Süßigkeitenfrage taucht in der Tagespflege immer häufiger auf. Sprechen Sie sich genau ab. Darf die Mutter zum Beispiel beim Abholen einmal etwas Süßes für alle Kinder mitbringen? Die Tagesmutter muss den Eltern in jedem Fall beim Abholen sagen, ob das Kind bei ihr etwas Süßes bekommen hat. Und sie sollte darauf achten, dass die Kinder während der Tagespflege nach dem Genuss von Süßigkeiten ihre Zähne putzen.

Sauberkeitserziehung

Bitte erkundigen Sie sich als Tagesmutter, ob das Kind noch Windeln braucht. Wenn ja, dann müssen Sie mit den Eltern vorher besprechen, wie die Sauberkeitserziehung aussehen soll (siehe Seite 99 ff.).

Eltern und Tagesmutter müssen hier an einem Strang ziehen. Dabei sollten die Regeln, die die Mutter aufstellt, eingehalten werden. Das heißt nicht, dass die Tagesmutter keine Vorschläge machen darf. Häufig werden die Kinder zuerst während der Tagespflege sauber und dann erst bei den Eltern. Mütter sollten das beachten.

Gewohnheiten des Kindes

Hält das Kind noch einen Mittagsschlaf? Dann braucht die Tagesmutter einen Platz, an dem es schlafen kann. Hat es ein Lieblingsstofftier oder Lieblingsspielzeug, das überall dabei sein muss? Erlauben Sie es als Tagesmutter ruhig. Die anderen Kinder lernen schnell, dass es einem bestimmten Kind gehört und deshalb für sie tabu ist. An welche Rituale ist es beim Mittagstisch und beim Schlafengehen gewöhnt? Kann die Tagesmutter all diesen Gewohnheiten gerecht werden?

Fernsehen

Sprechen Sie den Fernsehkonsum mit den Eltern genau ab. Darf das Kind fernsehen? Wenn ja, wie lange und welche Filme?

Erkundigen Sie sich als Tagesmutter auch nach den Fernsehgewohnheiten, die das Kind zu Hause hat. Sieht das Kind zu Hause fern? Wie lange darf es abends fernsehen?

Achten Sie darauf, dass die Kinder bei der Tagesmutter und zu Hause nicht länger fernsehen, als für ihr Alter gut ist (siehe auch Seite 99 ff.).

Die folgenden Punkte, die auf die Checkliste gehören, betreffen nur die Eltern.

Spielzeug, Sicherheit

Sehen Sie sich das Kinderzimmer gründlich an. Haben die Kinder genügend Freiraum für Kreativität? Gibt es Anzeichen dafür, dass hier gebastelt und gemalt wird? Klären Sie auch, ob Ihr Kind eigenes Spielzeug mitbringen darf. Achten Sie auch ein wenig auf die Kindersicherheit in der Wohnung der Tagesmutter. Möglicherweise fällt Ihnen ja etwas auf, das für Ihr Kind gefährlich werden könnte, zum Beispiel eine Zimmerpflanze am Boden, von der die Tagesmutter noch gar nicht wusste, dass sie giftig ist; der Balkon, durch dessen Gitter der Kopf Ihres Kindes genau passt. Klären Sie, ob diese Sicherheitsmängel abgeschafft werden können.

In welchem Umkreis sollte die Tagesmutter wohnen?

Auf jeden Fall sollte sie bequem erreichbar sein. Je weiter der Weg zu ihr ist, desto früher müssen Sie das Haus verlassen. Zum Abholen sollten Sie genügend Spielraum einplanen, damit Sie nicht zu spät kommen. Kalkulieren Sie eine verpasste S-Bahn, einen Stau oder eine Autopanne ein. Am günstigsten ist es, wenn die Tagesmutter in Ihrer Nähe wohnt, weil das Kind dann einen kurzen Hin- und Rückweg hat. Die zweitbeste Lösung ist eine Tagesmutter, die in der Nähe Ihrer Arbeitsstätte wohnt. Das Kind hat dann jedoch unter Umständen einen längeren Hin- und Rückweg.

Haustiere

Reagiert Ihr Kind allergisch auf Tierhaare oder Federn? Dann darf die Tagesmutter natürlich kein Haustier besitzen. Andernfalls beobachten Sie Ihr Kind in der ersten Zeit bei der Tagesmutter, wie es auf das Tier reagiert. Hat es Angst davor? Dann passt die Tagesmutter nicht zu Ihnen. Freunden sich Ihr Kind und das Tier an? Gut, dann spricht nichts dagegen.

Hat die Tagesmutter die Möglichkeit, mit den Kindern an die frische Luft zu gehen? Ist vielleicht sogar ein Garten vorhanden, ein Spielplatz oder ein Park in der Nähe? Wenn Ihr Kind den ganzen Tag bei einer Tagesmutter in Betreuung ist, sollten Sie in jedem Fall darauf bestehen, dass sie mit den Kindern an die frische Luft geht.

Nichtraucherin oder Raucherin?

Es ist mittlerweile jedem bekannt, dass Passivrauchen die Gesundheit der Kinder sehr schädigen kann und in Räumen, in denen sich Kinder aufhalten, nicht geraucht werden sollte. Bedenken Sie, dass eine Tagesmutter Vorbildfunktion hat, und eine Raucherin in Ihren Augen eventuell ein schlechtes Vorbild abgibt, auch wenn sie nur auf dem Balkon oder im Garten raucht.

Es ist auch möglich, dass die Tagesmutter und/oder ihr Partner nur abends im Wohnzimmer rauchen und danach lüften. Wenn Ihr Kind Asthmatiker ist, müssen Sie sich gegen diese Tagesmutter entscheiden.

Sie sollten jedenfalls keine Kompromisse eingehen, wenn Ihnen – aus welchen Gründen auch immer – sehr wichtig ist, dass die Tagesmutter nicht raucht.

Eine Modell-Checkliste für Tagesmütter

An der folgenden Checkliste können Sie sich orientieren. Scheuen Sie sich nicht, sie nach Ihren eigenen Vorstellungen abzuwandeln.

Wann möchte ich das Tageskind betreuen?

- Vormittags
- Die ganze Woche
- Nachmittags
- Nur einige Tage
- Stundenweise
- (von ... bis ... Uhr)

Wie lange möchte ich das Tageskind betreuen?

- Für ein paar Monate
- Für ein Jahr
- Für zwei Jahre
- Länger als zwei Jahre

Wie alt sollte das Tageskind sein?

- Mindestens —— Jahre
- Höchstens —— Jahre

Wo möchte ich das Tageskind betreuen?

- Bei mir zu Hause
- Im Haushalt der Eltern

Wie viele Kinder möchte ich höchstens betreuen?

- Kinderzahl: ――――

Wie viel Betreuungsgeld möchte ich haben?

- Betreuungsgeld

Bin ich bereit, für das Jugendamt
als Tagesmutter zu arbeiten?

- Ja
- Nein

Nehme ich auch chronisch kranke
Tageskinder auf?

- Grundsätzlich nicht
- Leichte Erkrankungen sind kein Problem
- Kommt auf die Art der Erkrankung und auf
  den Zustand des Kindes an

Wer sorgt für meine Vertretung bei
Krankheit oder Urlaub?

- Die Eltern
- Ich selbst

Dürfen die Kinder bei mir
fernsehen?

- Grundsätzlich nicht
- In Ausnahmefällen schon
- Ja, täglich
- Aber nur für eine Dauer von ――――
- und nur diese Filme

Gebe ich den Kindern Süßigkeiten?

- Grundsätzlich nicht
- Ja, aber nur in Ausnahmefällen
- Ja, täglich; vor allem, wenn

Was koche ich?

- Hausmannskost
- Vollwertig
- Vegetarisch
- Allergenarm

Darf das Tageskind auch bei mir übernachten?

- Grundsätzlich nicht
- Nur in Ausnahmefällen
- Ja, wenn es das will und die Eltern es erlauben

Wie würde ich meinen Erziehungsstil beschreiben?

- Eher tolerant
- Eher streng
- Eine Mischung von beidem
- Nicht tolerant oder streng, sondern

Welche besonderen Gewohnheiten oder Regeln herrschen in meiner Familie (Tischsitten, Klingelzeichen an der Haustür)?

Welche Erziehungsziele verfolge ich?

Eine Modell-Checkliste für Eltern

Wann benötige ich die Tagesmutter?

- Vormittags
- Nachmittags
- Ganztags
- Stundenweise von ――― bis ――― Uhr
- Zu ungewöhnlichen Zeiten (zum Beispiel abends bis nachts)

Für wie viele Kinder benötige ich eine Tagesmutter?

- Kinderzahl: ―――

Wo soll das Kind betreut werden?

- Im Haushalt der Tagesmutter
- In unserem Haushalt

Soll die Tagesmutter mein Kind zum Kindergarten/zur Schule bringen und/oder von dort abholen?

- Ja
- Nein

Wo sollte die Tagesmutter wohnen?

- In der Nähe meiner Wohnung
- In der Nähe meiner Arbeitsstelle
- In der Nähe von Kindergarten/Schule

Wie viele Kinder sollte die Tagesmutter höchstens/
mindestens betreuen?

- Höchstens ———
- Mindestens ———

Wie alt sollten die von der Tagesmutter
betreuten Kinder höchstens/mindestens sein?

- Höchstens ——— Jahre
- Mindestens ——— Jahre

Darf die Tagesmutter Raucherin sein?

- Ja
- Nein

Braucht mein Kind eine besondere Ernährung?

- Nein
- Ja, es darf nicht essen ———

Braucht mein Kind Medikamente?

- Nein
- Ja, zu den Zeiten ———

Braucht mein Kind eine besondere Zuwendung?

- Nein
- Ja, weil ———

Wie viel kann ich für die Betreuung
höchstens zahlen?

- Betrag pro Monat: ———

Darf mein Kind fernsehen?

- In Ausnahmefällen schon
- Grundsätzlich nicht
- Ja, täglich
- Aber nur für eine Dauer von ____
- und nur diese Filme ____

Darf mein Kind Süßigkeiten essen?

- Grundsätzlich nicht
- Ja, aber nur in Ausnahmefällen
- Ja, täglich; vor allem, wenn

Darf die Tagesmutter Haustiere haben?

- Ja
- Nein

Wie würde ich meinen Erziehungsstil beschreiben?

- Eher tolerant
- Eher streng
- Eine Mischung von beidem
- Nicht tolerant oder streng, sondern

Welche besonderen Gewohnheiten hat mein Kind?

Welche Erziehungsziele verfolge ich?

Erziehung – der rote Faden in der Tagespflege

Bevor ich im nächsten Kapitel auf die vier verschiedenen Phasen von der Kontaktaufnahme mit der Tagesmutter bis zum Ende der Tagespflege eingehe, möchte ich auf das häufig strittige Thema der Erziehung zu sprechen kommen. Denn die Fragen der Erziehung durchziehen wie ein roter Faden alle Phasen der Betreuung durch eine Tagesmutter.

Wenn ein Kind zu einer Tagesmutter kommt, wird es von ihr in der Betreuungszeit nicht nur betreut, sondern auch erzogen. Indem sie mit ihm spielt, tobt, ihm Grenzen setzt, ihm Dinge erklärt, erzieht sie es. Das Kind erhält jetzt also eine zusätzliche Erziehung neben der Erziehung zu Hause.

Müssen sich Erziehungsstil von Tagesmutter und Eltern ähneln?

Es stellt sich natürlich die Frage, inwieweit der Erziehungsstil von den Eltern mit dem der Tagesmutter übereinstimmen sollte. Dazu gibt es unterschiedliche Meinungen.

In der Zusammenfassung zu einem Forschungsprojekt über Tagesmutterbetreuung findet sich von Evelyne Gerszono-wicz die Empfehlung: »Tagesmutter und Eltern sollten möglichst ähnliche Erziehungsstile und -vorstellungen haben, um eine Verunsicherung und Irritation des Kindes sowie auch Konflikte und Belastungen der Beziehung zwischen den Eltern zu vermeiden.«

Andere Fachleute sind der Auffassung, dass Kinder mit unterschiedlichen Erziehungsmethoden gut umgehen können, solange auch die Erwachsenen bereit sind, andere Erziehungsstile zu akzeptieren. Die Erziehungsexpertin Irmela Wiemann bemerkt: »Kinder können die verschiedenen Erziehungsstile gut aushalten, wenn die Erwachsenen zu ihrer Verschiedenheit stehen ... Ein Kind kann sich in einer Tagespflegestelle nur wohl fühlen, wenn jede der beiden Mütter der anderen zugesteht, anders zu sein, mit Kindern anders umzugehen.« (Irmela Wiemann, *Ratgeber Pflegekinder*). Aus heutiger Sicht kann ich feststellen, dass meine Kinder durchaus akzeptiert haben, dass bei unserer Tagesmutter in mehreren Dingen andere Regeln und Gesetze herrschten. Im Nachhinein betrachtet empfinde ich es sogar als positiv, dass meine Kinder gelernt haben, dass in anderen Familien andere Regeln herrschen und sie sich für die Dauer ihres Besuchs daran zu halten hatten. In der Regel haben sie dies auch sehr bereitwillig getan, denn sie sind es von klein auf gewohnt gewesen.

Natürlich ist Toleranz eine erstrebenswerte Qualität. Die Erfahrung zeigt jedoch, dass es für Tagesmütter und Eltern gar nicht so einfach ist, einen anderen Erziehungsstil des Tagespflegepartners zu tolerieren und auch zu akzeptieren.

Deshalb suchen viele Eltern und Tagesmütter einen Tagespflegepartner, der ihnen in seinen Erziehungsvorstellungen ähnlich ist.

Unklarheit über die eigenen Erziehungsvorstellungen führt zu Missverständnissen

Viele unerfahrene Tagespflegepartner machen häufig den Fehler, dem anderen in den Vorgesprächen lediglich zu schildern, welchen Erziehungsstil und welche Erziehungsziele sie im Großen und Ganzen verfolgen, ohne die Definition dieser vagen Begriffe mitzuliefern. Das kann dann in etwa so klingen: »Wir sind eher tolerant in unserem Erziehungsstil und möchten, dass unser Kind selbstbewusst, selbstständig und durchsetzungsfähig wird.« Wenn der Gesprächspartner diesen Vorstellungen zustimmt, meinen beide Seiten vielleicht, dass in puncto Erziehung eine völlige Übereinstimmung herrsche. Zum bösen Erwachen kommt es dann in der Praxis, wenn sichtbar wird, dass die Auslegungen der Begriffe Toleranz, Selbstvertrauen und Selbstbewusstsein erheblich auseinander gehen. Nicht selten kommt es dieser Differenzen wegen zum Abbruch der Tagespflege.

Frau Werner vom Kinderbüro München bemerkt diesbezüglich:»Die meisten Eltern machen sich zwar Gedanken, welchen Erziehungsstil sie haben, geben aber nur das Grundkonzept weiter. Sie erklären nicht, was dies im Detail bedeutet. Der Erziehungsstil wird damit zu ungenau erklärt, zu schwammig dargelegt und dadurch von den Tagespflegepartnern falsch ausgelegt.«

Bei der Besprechung Ihrer Vorstellungen von der Erziehung Ihres Kindes sollten Sie möglichst konkrete Einzelheiten beschreiben. Sagen Sie nicht einfach:»Mein Kind soll zur Selbständigkeit erzogen werden.« Beschreiben Sie, was Sie sich genau darunter vorstellen. Soll sich Ihr Kind allein anziehen können, soll es mit Messer und Gabel essen können? Oder stellen Sie sich vielleicht vor, dass die Tagesmutter ihm nicht gleich ihre Hilfe anbietet, wenn etwas nicht sofort klappen will, damit es die Erfahrung macht: Mit ein bisschen Geduld kann ich ganz allein schwierige Situationen meistern, ich bin nicht immer auf Hilfe angewiesen?

Achten Sie also unbedingt auf eine deutliche Darstellung Ihrer Vorstellung von Erziehung. Je konkreter Sie über Ihre Vorstellung von Erziehung sprechen, desto weniger Missverständnisse haben Sie zu befürchten. Wenn die Tagesmutter oder Mutter nicht von sich aus ihren Erziehungsstil und ihr Erziehungsziel konkretisiert, sollte nachgefragt werden.

• Welche Vorstellung von Erziehung haben Sie?

Auch ich fand es am Anfang nicht ganz einfach, meiner Tagesmutter gegenüber meine Erziehungsvorstellungen deutlich zu machen. Ihnen wird es vermutlich ähnlich gehen. Diese Schwierigkeit rührt meiner Meinung nach daher, dass die meisten Eltern kein klares Erziehungskonzept haben. Zwar gehen wir heutzutage viel bewusster mit Erziehung um, als unsere Eltern und Großeltern dies getan haben, aber meistens erziehen wir unsere Kinder doch »gefühlsmäßig«: Das, was unsere Eltern unserer Meinung nach falsch gemacht haben, wollen wir anders machen, ansonsten verhalten wir uns so, wie es sich für uns richtig »anfühlt«. Häufig ist die Vorbereitung auf die Tagespflege der erste Anlass, sich wirklich einmal über die eigenen Erziehungsziele und Erziehungsmethoden Gedanken zu machen.

Ein möglicher Einstieg, um ein Bild von dem eigenen Erziehungsverhalten zu bekommen, kann ein Gespräch mit jemandem sein, der Ihr Verhalten Ihrem Kind gegenüber kennt. Reden Sie doch einfach einmal mit Ihrem Partner darüber, wie Sie sich gegenseitig in der Erziehung erleben. Sie können auch eine Freundin fragen, wie sie Ihren Erziehungsstil beschreiben würde.

Die früher gebräuchliche Einteilung der Erziehungsstile in autoritär, demokratisch und »laisser faire« greift nicht mehr, weil die meisten Eltern Mischtypen sind. Seit einiger Zeit versucht man, die Beschreibung des Erziehungsstils in den Griff zu bekommen, indem einzelne Erziehungsmerkmale untersucht und definiert werden. In der unten stehenden Liste sind einige der wichtigsten dieser Erziehungsmerkmale enthalten. Wenn Sie gerne ein vollständiges Bild haben möchten, finden Sie in Ihrer Bücherei sicher eine Reihe von Fachbüchern zu diesem Thema.

Überprüfen Sie mit einer kleinen Checkliste Ihr eigenes Erziehungsverhalten. Lassen Sie zunächst einen Tag mit Ihrem Kind Revue passieren und überlegen Sie, wie Sie sich in unterschiedlichen Situationen verhalten.

Wann und wie loben Sie Ihr Kind?

Überlegen Sie, für welche Dinge Sie Ihr Kind loben. Sie erkennen auf diese Weise, was Ihnen wichtig ist. Loben Sie vielleicht Ihr Kind, wenn es seine Sachen aufräumt oder wenn es etwas Schönes gemalt hat? Loben Sie es, wenn es artig am Tisch sitzt oder wenn es mit anderen Kindern teilt?

Überlegen Sie sich auch, wie Sie loben: Sagen Sie Ihrem Kind ein paar anerkennende Worte? Umarmen Sie es? Bekommt es eine Belohnung (ein kleines Geschenk; die Erlaubnis, etwas Besonderes zu tun)?

Soll Ihre Tagesmutter Ihr Kind für dieselben Dinge loben wie Sie und auf dieselbe Weise?

Wann und wie strafe ich mein Kind?

Überlegen Sie, für welches Verhalten Sie Ihr Kind bestrafen. Strafen Sie es, wenn es Ihren Anweisungen nicht Folge leistet, wenn es etwas kaputt macht oder ein Glas umschüttet?

Überlegen Sie sich, für welche Dinge die Tagesmutter Ihr Kind bestrafen sollte und für welche Dinge nicht. Machen Sie sich eine Liste von den Verhaltensweisen, für die Sie Ihr Kind nicht bestrafen würden, auch wenn dies andere Mütter anders handhaben. Ganz wichtig ist auch die Überlegung, wie Sie Ihr Kind strafen. Entziehen Sie Ihrem Kind für einige Zeit etwas, das es gerne hat (zum Beispiel Hörkassetten) oder gerne isst (zum Beispiel Süßigkeiten)? Schicken Sie es in sein Zimmer? Bekommt es hin und wieder einen Klaps oder eine Ohrfeige oder schimpfen Sie es aus?

Überlegen Sie sich, welche Strafmethoden Sie für richtig halten und welche Sie nicht bereit sind zu akzeptieren.

Sind Sie eher streng oder eher unterstützend?

Überprüfen Sie, wie Sie Ihr Kind dazu bringen, etwas zu tun oder zu lassen: Bestrafen Sie es eher für unerwünschtes Verhalten (das versteht man gemeinhin unter strenger Erziehung) oder ermuntern Sie es, das Erwünschte zu tun (das versteht man gemeinhin unter unterstützender Erziehung)? Welches Verhalten überwiegt bei Ihnen? Wie soll Ihre Tagesmutter mit Lob und Tadel umgehen?

Wie und in welchem Ton sprechen Sie mit Ihrem Kind?

Geben Sie oft kurze Anweisungen wie »Trödle nicht herum. Sprich doch lauter!« oder geben Sie meistens Erklärungen für Ihre Anordnungen ab? Zum Beispiel: »Wir müssen uns beeilen, der Bus kommt«, »Sprich doch bitte lauter, ich möchte gerne hören, was du sagst.«

Bleiben Sie eher ruhig und sprechen Sie mit normaler Lautstärke oder sind Sie häufig temperamentvoll? Können Sie es akzeptieren, dass die Tagesmutter einen anderen Ton anschlägt, zum Beispiel eher forsch und bestimmt ist?

Legen Sie Wert auf eine höfliche Ausdrucksweise, wenn Sie mit Ihrem Kind sprechen, und verlangen Sie dies auch von der Tagesmutter? Sind gesellschaftliche Umgangsformen wie Bitte- und Danke-Sagen für Sie wichtig? Oder sind Ihnen strahlende Kinderaugen oder ein selbstgemaltes Bild genügend Dank?

Was halten Sie von Drohungen?

Welche Drohungen setzen Sie ein, vielleicht auch, wenn Sie sich in einem Moment nicht anders zu helfen wissen? Halten Sie Drohungen für ein legitimes Erziehungsmittel oder lehnen Sie sie grundsätzlich ab?

Wenn Sie sich über diese und ähnliche Fragen Klarheit verschaffen, haben Sie konkrete Vorstellungen, die Sie mit Ihrer Tagesmutter durchsprechen können. In Fragen der Erziehung gibt es die meisten Missverständnisse. Nehmen Sie die Unterhaltung darüber deswegen besonders ernst. Denken Sie auch an Religions- und Sexualitätserziehung.

Das Gespräch über Erziehungsfragen verlangt von den Beteiligten sehr viel Mut und Offenheit, weil in unserer Gesellschaft dem Thema Erziehung ein vergleichsweise ähnlicher Stellenwert wie Glaubensfragen zugemessen wird. Viele Menschen sind in diesem Punkt sehr empfindlich. Haben aber beide Partner ein Verständnis für das Anderssein anderer Menschen und sind sie wirklich daran interessiert, sich auszutauschen, kann ein solches Gespräch inspirierend und bereichernd sein.

• Übereinstimmung zeigt sich in der Praxis

Auch wenn Sie in der Kontaktphase sehr detailliert auf Erziehungsfragen eingehen, können Sie dieses Thema nicht als abgeschlossen betrachten. Eine anfängliche Übereinstimmung in der Theorie setzt sich allerdings meist auch in der Praxis der Tagespflege durch. Ob die Erziehungsmethoden dann in jedem Punkt so eingesetzt werden, wie Sie es abgesprochen haben, kann im Endeffekt nur während der Eingewöhnungsphase und im weiteren Verlauf der Tagespflege beobachtet werden.

Während der Zeit, in der die Mutter bei der Betreuung noch im Hintergrund anwesend ist, kann sie sich von dem Erziehungsverhalten der Tagesmutter einen Eindruck verschaffen. Auf diese Weise kann genau beobachtet werden, ob Mutter und Tagesmutter dieselben Erziehungsmethoden anwenden.

In der Zeit der Eingewöhnung berichtet die Tagesmutter der Mutter, in welche Situation sie mit dem Tageskind während ihrer Abwesenheit gekommen ist, und schildert, wie sie damit umgegangen ist. So kann die Mutter einerseits nachvollziehen, wie ihr Kind bei der Tagesmutter reagiert, andererseits kann sie der Tagesmutter mitteilen, ob sie mit ihrem Handeln einverstanden ist oder ob sie sich eine andere Handlungsweise gewünscht hätte.

Verstärkt sich der Eindruck, dass die Tagesmutter generell anders handelt als die Mutter und kann diese damit nicht umgehen beziehungsweise ist die Tagesmutter nicht zu einer Änderung ihres Verhaltens zu bewegen, sollte die Tagespflege nicht begonnen werden. In diesen anfänglichen Unstimmigkeiten liegt – wie bereits erwähnt – häufig der Keim für ernsthafte Streitigkeiten, die später nicht selten zum Abbruch des Verhältnisses führen.

Stimmen Tagesmutter und Mutter in ihrem Handeln aber überein, kann die eigentliche Tagespflege beginnen.

• Sauberkeit, Süßigkeiten, Fernsehen

Wichtige Fragen, die von der Tagesmutter und der Mutter oft gar nicht oder nur am Rande besprochen werden, betreffen die Themen Sauberkeitserziehung, Süßigkeiten und Fernsehen.

Dazu habe ich wieder Tagesmütter und Mütter befragt, die dazu ein paar praktische Empfehlungen und Anregungen geben können.

Welche Absprachen halten Sie in puncto Erziehung für unerlässlich?

»Man sollte generell über die Süßigkeitenregelung sprechen. Ob die Eltern grundsätzlich gegen Süßigkeiten sind oder ob es einmal einen Lolli oder ein Eis im Sommer zur Belohnung geben darf. Aber auch über ganz simple Sachen wie das Thema Trinken beim Essen. Wir haben diesen Punkt so geregelt: Getrunken wird nach dem Essen, nicht nebenher, aber auch nicht vor dem Essen.

Wichtig ist auch, dass die Erziehung von mir und den Eltern zusammenläuft, dass ich eine gewisse Sache auf eine bestimmte Art handhabe, die Eltern aber auch. Sonst weiß das Kind überhaupt nicht: Was ist nun für mich maßgeblich? Die eine sagt so, die andere so. Das ist, glaube ich, für das Kind schon schwierig.«

Welches sind für Sie die größten Probleme?

»Innerhalb der Tagespflege, denke ich, ist die Eifersucht zwischen den einzelnen Kindern das größte Problem. Hinzu kommt, dass die Kinder sich in der Tagespflege sehr stark verändern. Sie sind anders belastet, als wenn sie nur zu Hause wären. Daher werden wir häufig vonseiten der Eltern angegriffen, da die Kinder zu Hause aufmüpfig werden, sie trotzig sind, Worte benutzen, die vorher nicht zu ihrem Wortschatz gehörten. Dann kommt der Vorwurf: ›Das muss doch von euch kommen.‹ Daher empfehle ich, dass die Erziehungsstile der Partner relativ ähnlich sein sollten.«

Thema Sauberkeitserziehung, wie stehen Sie dazu?

»Ich sag einfach einmal, das ergibt sich. Bei dem einen Kind klappt es eher, bei dem anderen später. Die Kinder sehen einfach, wenn die anderen auf die Toilette gehen und möchten es auch ausprobieren. Und dann haben sie dieses Erfolgserlebnis: Ich kann das auch! Hat geklappt!

Eines meiner Tageskinder wollte zu Hause nicht aufs Klo gehen, bei uns hat es aber gut geklappt. Da wurde dann einfach zweigleisig gefahren. Manchmal brauchen die Kinder nachts noch eine Windel, tagsüber geht es ohne. Na und? Aber man kann dieses Thema schlecht verallgemeinern, das ist von Kind zu Kind verschieden. Während es den einen nicht stört, mit einer vollen Windel herumzulaufen, ekeln sich andere Kinder davor.«

»Fernsehen ist sowieso eine Gefahr, das ist tatsächlich eine Sucht. Wenn man es einem Kind angewöhnt, dann sitzt es nur noch davor. Der Kasten, der muss nicht laufen, man kann auch etwas anderes machen.«

»Zumindest darf der Fernseher nicht zum Spielersatz werden. Nicht: Ich möchte jetzt meine Ruhe haben. Da unsere Wohnung relativ klein ist, bekommen die Tageskinder schon einmal mit, wenn meine vierzehnjährige Tochter in den Ferien fernsieht oder eine Runde Nintendo spielt. Es lässt sich nicht vermeiden, dass die Kinder am Türpfosten stehen und um die Ecke schauen.«

»Man hört aus dem Gespräch mit den Kindern heraus, ob sie zu Hause fernsehen dürfen, und wenn ja, was. Einen Kinderfilm oder die Sesamstraße zusammen angeschaut kann auch einmal etwas ganz Besonderes für die Kinder sein, solange man dies nicht mit einer gewissen Regelmäßigkeit betreibt, indem der Fernseher jeden Tag zu einer bestimmten Uhrzeit angestellt wird.

Die meisten Tagesmütter gehen sehr vorsichtig mit dem Fernsehen um. Hingegen werden viele Kinder zu Hause abends vor dem Fernseher »geparkt«, damit die Mutter ihre Ruhe hat. Bei uns sind diese Kinder unruhiger als andere, teilweise aggressiv. › Wieso, ich spiele Popeye, der ist ganz stark und darf alle verhauen!‹ Die Kinder können Fernsehen (vor allem die Comicfilme) und Realität nicht auseinander halten. Sie lernen eher: Schlagen tut nicht weh. Die Figuren stehen ja auch gleich wieder auf und flitzen weiter.«

»Wenn unsere Tagesmutter krank ist, aber trotzdem unsere Kinder betreut, habe ich nichts dagegen, wenn sie sich mit allen Kindern auf die Couch kuschelt und einen Tierfilm anschaut. Da alle Kinder sonst wenig fernsehen, zeigt die

101

Erfahrung, dass die Kinder fünf bis zehn Minuten bei ihr bleiben und dann zu spielen anfangen. Sie haben zu wenig Sitzfleisch, der Fernseher wird uninteressant.«

»Als ich den ersten Besuch bei einer Tagesmutter machte, lief bei ihr schon der Fernseher. Er wurde auch während unseres Gesprächs nicht abgeschaltet, der Mann der Tagesmutter und ihr Kind saßen davor. Diese Tagesmutter war nichts für uns.«

● Erziehung, die Kindern schadet

Auf einige Erziehungsmethoden möchte ich noch einmal gesondert eingehen, und zwar auf die Bestrafung durch Schläge und die Anwendung von Drohungen.

Die Folgen körperlicher Gewalt

Wenn Eltern ihr Kind körperlich maßregeln, sei es durch den berühmten Klaps auf den Po, die Ohrfeige oder einen massiven Schlag, drückt dies nicht nur das Ohnmachtsgefühl der Eltern aus, sondern weckt auch in dem Kind ein Ohnmachtsgefühl. Jede Ohrfeige ist eine Demütigung des Selbstwertgefühls. Die Folgen sind: starke Verunsicherung, mangelndes Selbstbewusstsein. Gewalt ist ein Machtmittel – sie lässt keinen Raum mehr für ein Vertrauensverhältnis zwischen Mutter oder Vater und Kind. Der Einsatz körperlicher Gewalt sollte daher nicht in das Erziehungsrepertoire der Eltern gehören und auf gar keinen Fall in die Tagespflege. Das gilt für den kleinen Klaps genauso wie für den handfesten Schlag. Wir alle wissen mittlerweile, dass Schläge Kinder erheblich in ihrer Entwicklung behindern und für ihr gesamtes Leben schädigen können. Es gibt natürlich auch Ausnahmen, die ich an dieser Stelle jedoch nicht erörtern möchte.

Das Vertrauen zwischen Tagesmutter und Tageskind ist noch viel zerbrechlicher als zwischen Eltern und Kind. Manchmal kann ein gerade aufgebautes Vertrauensverhältnis »auf einen Schlag«, vollkommen zu Bruch gehen. Sagen Sie der Tagesmutter im Interesse Ihres Kindes ganz deutlich, dass Sie jegliche Gewaltanwendung als ein Erziehungsmittel ablehnen, sei es, dass an den Ohren oder an den Haaren gezogen wird, sei es ein kleiner Schlag auf die Finger oder ein Klaps auf den Po.

Kinder, die zu Hause geschlagen werden

Auch die Tagesmutter sollte sich klarmachen, was es bedeutet, ein Kind aufzunehmen, das mit Schlägen erzogen wird, und diesen Punkt mit den Eltern klären. Die Tagesmutter hätte wahrscheinlich ein schwieriges Tageskind, das viel Zuwendung und Aufmerksamkeit benötigt.

Drohungen

Herabsetzende Worte und ständig wiederholte Drohungen können Kinder in ihrer seelischen Entwicklung ähnlich wie Gewaltanwendungen schaden oder sogar noch größeren Schaden anrichten. Durch die ständige Wiederholung von angsterregenden Drohungen können das Selbstwertgefühl und das Vertrauen zu anderen Menschen gestört werden. Die Erziehungsmethode »Gehorsam durch Drohen« sollte deshalb in der Erziehung tabu sein. Ganz schnell können nämlich aus harmlosen Drohungen massive Drohungen werden, wenn dieses Druckmittel einmal eingesetzt wird. Aus »Wenn ihr jetzt nicht aufräumt, gibt es kein Eis« kann ganz schnell ein »Dann hab ich euch gar nicht mehr lieb« werden. Die Androhung des Liebesentzugs ist für das Kind eine

Gefährdung seiner Existenz, denn es ist von der Hilfe und der Liebe seiner Eltern oder der Tagesmutter abhängig.

Schlimm wird es, wenn die Tagesmutter mit etwas droht, bei dem die existentielle Angst des Kindes in Bezug auf seine Mutter angesprochen wird, die angekündigte Strafe sich aber nicht sofort als haltlos erweist: »Wenn du jetzt nicht aufräumst, holt dich deine Mama nicht ab.« Das Tageskind hat erst die Gewissheit, dass seine Mutter es noch lieb hat und wieder mit nach Hause nimmt, wenn diese endlich erscheint. Bis dahin verbringt es qualvolle Stunden der Ungewissheit. Aber auch Mütter benutzen die Angst des Kindes, nicht mehr nach Hause zu dürfen, als ein Druckmittel. Besonders gestresste Mütter, die selber unter erheblichem Druck stehen, drohen beispielsweise: »Komm, beeil dich, zieh endlich deine Schuhe an, sonst musst du hier bleiben.« Das Kind ahnt aber nichts vom Stress der Mutter. Es sieht nur, dass die Mutter es nicht mitnehmen möchte, wenn es nicht tut, was von ihm verlangt wird. Der Liebesentzug droht. Früher oder später wird sich das Kind weigern – verständlicherweise –, zu einem Menschen zu gehen, bei dem es zur Strafe bleiben soll.

Auch von der Tagesmutter ausgesprochene Drohungen, dass das Kind zum Beispiel nicht mehr nach Hause darf, gefährden die Beziehung zwischen der Tagesmutter und dem Kind erheblich.

Ich möchte alledings betonen, dass durch das Gesagte auf keinen Fall der Eindruck entstehen sollte, dass es häufig vorkommt, dass Tagesmütter ihre Schützlinge schlagen und sie mit gemeinen Drohungen unter Druck setzen. Es gibt jedoch Ausnahmen und im Interesse Ihres Kindes sollten Sie als Eltern auf Nummer Sicher gehen. Andererseits möchte ich Sie auch ein wenig zur Selbstbeobachtung ermuntern. Beobachten Sie sich mal ein paar Stunden oder sogar einen ganzen Tag lang selbst. Wie viele kleinere Drohungen deuten Sie indirekt an oder sprechen Sie aus?

Erst kürzlich habe ich mich selbst einmal wieder beobachtet, nachdem mir mein Mann einen Fingerzeig gegeben hat. Unser Jüngster befindet sich zur Zeit in der Trotzphase. Wenn er nicht mit mir mitkommen möchte, dann winke ich ihm zu und rufe »Tschüß«. Dann nimmt der kleine Mann seine Beine unter den Arm, um ja nicht alleine gelassen zu werden. Das Ganze geschieht immer dann, wenn ich unter Zeitdruck stehe und keine Lust auf Geschrei und Gebrüll habe. Das heißt, dass wir auch als Eltern den Liebesentzug unbewusst andeuten.

Eine verantwortungsbewusste Tagesmutter achtet in der Regel viel mehr auf Gesten und Worte, denn sie möchte sich später selber keine Vorwürfe machen oder machen lassen. Aber auch sie kann, ebenso wie wir Mütter, einmal nicht die Geduld aufbringen und etwas tun oder sagen, was nicht unseren Vorstellungen entspricht. Sprechen Sie mit ihr und dem Kind über solche Vorfälle. Gleich aufgefangen, kann man vieles wieder gutmachen, einmal vergessen kann negative Folgen haben.

Das Gleiche gilt für die Tagesmütter. Die allermeisten Eltern behandeln ihre Kinder liebevoll. Aber auch hier ist es für eine Tagesmutter sehr wichtig, schädliche Erziehungsmethoden zu registrieren, damit sie die Eltern darauf aufmerksam machen und das Kind vor Schaden bewahren kann. Dies setzt aber eine gute Eltern-Tagesmutter-Vertrauensbasis voraus – Kritik ist nicht jedermanns Sache ...

Ist Ihnen in der Tagespflege schon einmal die Hand ausgerutscht?

Auch zu diesem Thema habe ich Tagesmütter befragt:
»Schlagen gibt es überhaupt nicht. Man kann alles mit Worten erklären. Die Kinder wissen genau, wann ich sauer bin. Sie fragen dann auch schon: › Hanni, bist du sauer?‹ ›Ja, ich fand es nicht gut, was ihr da eben angestellt habt!‹

Die Kinder hören schon am Tonfall, welche Stimmung herrscht. Zum Beispiel im Straßenverkehr, wenn sie da nicht parieren, da kann ich sehr böse werden, aber das geht mit Worten. Mit Schlagen erreicht man sowieso nichts.«

»Man muss mit den Eltern vereinbaren, dass Schläge auf keinen Fall vorkommen dürfen, dass ich die Kinder auch auf gar keinen Fall schlagen würde, selbst wenn die Eltern darauf bestehen. Wenn etwas absolut nicht klappt, dann wird der Spielplatz für heute gestrichen. Auf diese Art und Weise bekommt man die Kinder viel besser zu fassen. Das ist aber das Äußerste, wenn man gar nicht mehr dazwischen kommt.«

»Ich bin der Meinung, dass die Kinder auch lernen sollen, dass man auch Nerven hat. Man kann sich gewaltig auspowern, bis man lauter wird. Es kann nun einmal nicht sein, dass man immer ruhig und ausgeglichen ist. Mir platzt schon einmal der Kragen. Dann brülle ich auch schon einmal: ›Verdammt noch mal, so nicht!‹ Montags, das ist mein Lieblingstag. Da lieg ich am Abend einfach flach.«

»Weil sich die Kinder da wieder zusammenraufen müssen. Am Wochenende hatten sie jeder wieder ihr Zimmer, ihre Spielsachen, und montags, ach du liebe Zeit, da müssen sie plötzlich wieder teilen. Zum Glück sind meine Damen in einem Alter, in dem das schon besser klappt.

Bei den Kleinen merkt man das schon eher. Aber auch die freuen sich aufeinander. Nach dem Wochenende wird erst einmal berichtet, was sie alles mit den Eltern erlebt haben.«

Die vier Phasen der Tagespflege

Nachdem Sie sich Klarheit über Ihre Erziehungsvorstellungen verschafft und Sie sich Ihre Checkliste erstellt haben, können Sie Kontakt mit einer Tagesmutter aufnehmen. Sie treten damit in die »Kontaktphase« ein, den ersten Teil der Tagespflege, in dem sich die Tagespflegepartner in spe ein Bild voneinander machen. Am Ende dieser Phase steht – wenn Eltern und Tagesmutter sich eine gute Zusammenarbeit vorstellen können und in den wichtigsten Punkten übereinstimmen – der Vertrag. Als Nächstes beginnt die Eingewöhnungsphase, schließlich folgt die Phase der eigentlichen Tagespflege und am Ende die Entwöhnungsphase. Insgesamt gliedert sich die Tagespflege also in vier Phasen:

- Kontaktphase
- Eingewöhnungsphase
- Eigentliche Tagespflege
- Entwöhnungsphase

Jede dieser vier Phasen hat ihre Besonderheiten und weist spezielle Probleme auf. In den nächsten Kapiteln werden typische Probleme skizziert und mögliche Lösungen aufgezeigt.

● Die Kontaktphase

Bevor Sie die Telefonnummer der in Frage kommenden Tagesmutter oder Eltern wählen, sollten Sie Ihre Checkliste noch einmal auf Vollständigkeit überprüfen. Legen Sie sie dann neben Ihr Telefon, damit sie gleich zur Hand ist.

In diesem ersten Telefonat mit einer suchenden Mutter oder einer anbietenden Tagesmutter sollten Sie auf jeden Fall schon die grundlegenden Punkte – Tageszeit, Dauer der Tagespflege, Alter der Kinder und Pflegegeld – klären. Achten Sie auch darauf, ob Ihnen Ihr Gegenüber sympathisch ist und ob Sie einen Draht zueinander haben. Wenn Ihr Gesprächspartner persönliche Dinge lieber in einem direkten Gespräch besprechen möchte – zum Beispiel die Gewohnheiten seines Kindes –, sollten Sie das akzeptieren, denn es ist nicht jedermanns Sache, am Telefon einer fremden Person das eigene Privatleben darzulegen.

Der Ort für das erste Treffen

Sind Sie und Ihr Gesprächspartner sich in den vier Grundpunkten einig, wird ein Treffen vereinbart. Dieses erste Treffen wird meistens in dem Haushalt stattfinden, in dem auch das Kind betreut werden soll, also in der Regel bei der Tagesmutter. Mindestens ein Treffen sollte aber auch bei dem Kind zu Hause stattfinden, damit die Tagesmutter es auch einmal in seinem alltäglichen Umfeld erlebt.

Die Anwesenheit eines Beraters

Es gibt Tagespflegepartner, die bei diesem ersten Gespräch gerne einen Berater des Jugendamtes dabei haben möchten. Auch wenn ich selber diesen Service nie in Anspruch genommen habe, kann ich mir vorstellen, dass die Anwesenheit eines Beraters für eine unerfahrene Mutter oder Tagesmutter hilfreich sein kann.

Das erste Treffen mit oder ohne Kinder?

Ob das erste Treffen mit oder ohne Kinder stattfindet, liegt im Ermessen von Mutter und Tagesmutter. Als ich mich mit unserer Tagesmutter Susanne das erste Mal traf, hatte ich meine Kinder dabei. Während unsere beiden kleinen Töchter immer um unsere Beine herumstrichen, mussten wir aufpassen, dass unsere beiden Großen keinen Unsinn anstellten oder das Kinderzimmer innerhalb von Sekunden in ein Chaos verwandelten. So hat es dreier Besuche bedurft, bis wir unsere Absprachen getroffen hatten, da uns beiden immer noch weitere Punkte einfielen, die beim letzten Mal der Kinder wegen unter den Tisch gefallen waren. Ohne die Kinder haben Sie sicher mehr Ruhe. Wenn Sie die Kinder aber zu den ersten Gesprächen mitnehmen, können Mutter und Tagesmutter das Verhalten der Kinder untereinander und in der fremden Umgebung schon etwas beobachten.

Ist Ihnen Ihr möglicher Tagespflegepartner sympathisch?

Vergessen Sie neben der Besprechung der Details nicht, darauf zu achten, ob Ihnen die Mutter/die Tagesmutter sympathisch ist und Sie sich vorstellen können, mit ihr zusammenzuarbeiten. Hören Sie auf Ihre innere Stimme. Für viele Mütter und Tagesmütter ist letztlich Sympathie der ausschlaggebende Faktor, wenn es um die Entscheidung für den Tagespflegepartner geht. Das ist auch richtig so, denn nur auf Sympathie kann die so wichtige Beziehung zwischen Mutter und Tagesmutter aufbauen.

Harmonieren die Kinder?

Schauen Sie, ob die Kinder einen Draht zueinander haben und ob sie miteinander harmonieren. Es ist von vornherein ungünstig, wenn schon am Anfang absehbar ist, dass ein eher wildes Kind ein ruhigeres schlichtweg an die Wand drückt.

Ist die Wohnung kindersicher?

Lassen Sie sich in aller Ruhe von der Tagesmutter und ihren Kindern die Wohnung zeigen. Sehen Sie sich aufmerksam um, ob die Kinder genügend Platz zum Spielen haben und ob Ihnen irgendeine gefährliche Ecke auffällt.

Wie geht die Tagesmutter mit den Kindern um?

Bei den ersten Gesprächen können Sie auch einen ungefähren Eindruck davon gewinnen, wie die Tagesmutter mit den Kindern umgeht. Eine gute Tagesmutter versucht schon während der Kontaktphase, das Kind in das Gespräch einzubeziehen und einen Kontakt zu ihm herzustellen. Sie ergreift die Initiative, indem sie zum Beispiel die etwas älteren Kinder fragt, ob sie sich sein Kinderzimmer und die Spielsachen zeigen lassen wollen. Einem kleineren Kind wird sie wahrscheinlich eher einen Keks oder etwas zu trinken anbieten.

Wie reagiert Ihr Kind auf die ungewohnte Umgebung?

Achten Sie auf Ihr Kind. Weint es viel, ist es die ganze Zeit ungewöhnlich still, lehnt es die Tagesmutter oder die neue Umgebung kategorisch ab? Forschen Sie nach den Ursachen, und sehen Sie sich vielleicht lieber noch einmal nach einer anderen Tagesmutter um.

Als Tagesmutter können Sie das Kind ein wenig beobachten. Löst es sich von seiner Mutter und erkundet die neue, unbekannte Umgebung? Oder ist es sich ein wenig unsicher? Interessiert es sich für die anderen Kinder, auch wenn es noch ein wenig scheu ist, mit ihnen direkten Kontakt aufzunehmen?

Eine Mutter, die ihr Kind schon sehr früh abgeben musste, erzählte mir, dass ihre Tochter sich ihre Tagesmutter praktisch selber ausgesucht habe. Sie zeigte ihrer Mutter, wenn sie sich nicht wohl fühlte. Bei Birgit allerdings schien sie sich sofort wohl zu fühlen, nahm Kontakt zu Birgit und ihrer Umgebung auf. So unterstützte die Tochter ihre unsichere Mutter.

Anzeichen für ein gutes Gelingen

Es gibt ein paar Merkmale, an denen Sie erkennen können, dass die Tagespflege erfolgreich ablaufen wird:
• wenn Sie ein gutes Gefühl der Tagesmutter oder der Mutter gegenüber haben,
• wenn Sie glauben, in wesentlichen Bereichen miteinander zu harmonieren und über anfallende Probleme reden zu können,
• wenn im Kinderzimmer nicht jedes Mal gleich bei der Ankunft Ihres Kindes ein Streit ausbricht.

Eine kleine Episode, die den letzten Punkt betrifft, möchte ich Ihnen nicht vorenthalten. Unser Jüngster ist ein echtes Mamakind und ging bis vor kurzem kaum auf andere Erwachsene und schon gar nicht auf andere Kinder zu. Als wir einmal seine Schwester von einem Besuch abholten, hat er sich spontan einen uns völlig fremden Jungen ausgeguckt, mit ihm gespielt und sich auch nur ungern von dem Kind trennen lassen. Über ein paar Umwege lernte ich die Mutter kennen. Auf diese Weise hat sich unser Sohn seine Tagesmutter anhand ihres Kindes selbst ausgesucht.

Auf jeden Fall sollten Sie die Eingewöhnung nicht beginnen, bevor sich alle Beteiligten zwei- bis dreimal gesehen und alle Punkte auf der Checkliste besprochen haben.

• Die Eingewöhnungsphase

Bevor die eigentliche Eingewöhnung des Kindes beginnt, spätestens aber nach zwei Wochen Eingewöhnungszeit, wird der Vertrag zwischen den Tagespflegepartnern abgeschlossen.

Der Vertrag

Ein ganz entscheidender Faktor für das gute Gelingen der Tagespflege ist der Abschluss eines Vertrages zwischen Tagesmutter und Eltern. Auch wenn Sie sich ausgezeichnet miteinander verstehen und der Auffassung sind, dass Sie keinen Vertrag brauchen, sollten Sie nicht darauf verzichten. Ein Vertrag ist kein Ausdruck von Misstrauen. Er regelt die wichtigsten Punkte und sorgt dafür, Missverständnisse schon im Vorfeld aus dem Weg zu räumen. Kein Angestellter würde ohne einen Arbeitsvertrag arbeiten, nur weil der Chef so schöne blaue Augen hat!

Wenn Sie sich nicht die Mühe machen möchten, einen eigenen Vertrag zu entwerfen, können Sie einen Mustervertrag beim *Tagesmütter Bundesverband* gegen eine Schutzgebühr von 4,- DM bestellen (Adresse siehe Anhang, Seite 195).

Ansonsten können Sie natürlich auch auf den in diesem Buch enthaltenen Vertragsentwurf zurückgreifen und ihn nach Ihren Bedürfnissen entsprechend abändern.

Ich persönlich habe mit dem Vertrag des Tagesmütter-Bundesverbandes sehr gute Erfahrungen gemacht. Dieser Vertrag wurde so konzipiert, dass er sowohl für Kleinkinder als auch für die zusätzliche Betreuung von Kindergarten- und Schulkindern gültig ist.

Was soll der Vertrag enthalten?

Möchten Sie einen eigenen Vertrag aufsetzen, sollten Sie darauf achten, dass folgende Punkte darin enthalten sind:

• Zwischen welchen Tagespflegepartnern wird dieser Vertrag abgeschlossen? Name, Anschrift und wichtige Telefonnummern müssen enthalten sein.
• Für welche Pflegekinder (Nennung des vollständigen Namens und des Geburtsdatums) wird der Vertrag abgeschlossen?
• Wann wird das Kind gebracht und wieder abgeholt?
• Wer ist bring- und abholberechtigt?
• Leidet das Kind an Krankheiten oder Allergien? (Müssen etwa besondere Vorsichtsmaßnahmen getroffen werden oder ist eine besondere Ernährung nötig?)
• Wie hoch ist das Pflegegeld? Wann und in welcher Form wird es bezahlt? Bedenken Sie bitte, dass das Pflegegeld immer im Voraus fällig ist.
• Wie ist die Betreuung im Krankheitsfall geregelt?
• Wie viel Urlaub steht der Tagesmutter zu? Davon muss sie drei Wochen am Stück nehmen dürfen.
• Bei wem ist das Kind krankenversichert?
• Wann endet die Tagespflege?

Diese Punkte müssen Sie auf jeden Fall in den Vertrag aufnehmen. Ergänzend fügen Sie die Punkte hinzu, die Sie als Tagesmutter oder als abgebende Eltern berücksichtigt sehen möchten. (Vergessen Sie bitte nicht eine Vollmacht für den Krankheitsfall Ihres Kindes auszustellen!) Ist der Vertrag unterzeichnet, können Sie mit der Eingewöhnung beginnen.

Die Bezahlung der Eingewöhnungszeit

Eines möchte ich noch vorausschicken. Als abgebende Eltern sollten Sie auch die Eingewöhnungszeit bezahlen. Die Tagesmutter nimmt sich die Zeit, die sie mit Ihnen und Ihrem Kind verbringt. Sie passt schon während der Eingewöhnung auf Ihr Kind auf.

Einstimmung auf die Tagespflege

Schon zu Beginn der Eingewöhnungsphase können die Eltern ihr Kind positiv auf die neue Situation einstimmen.

Erzählen Sie Ihrem Kind von der Tagespflege

Gerade Kindern, die schon ein wenig in der Lage sind, Zusammenhänge zu verstehen, kann man von der Tagespflege erzählen und ihre Erwartung auf deren positive Aspekte lenken: die anderen Kinder, das neue Spielzeug, die lustigen Mahlzeiten im großen Kreis und vieles mehr.

Kaufen Sie zusammen ein »Tagesmutter-Outfit«

Eine gute Möglichkeit, beim Kind Erwartungsfreude zu wecken, ist auch der Kauf eines »Tagesmutter-Outfits«. Genauso, wie man einem Kindergartenkind oder einem Schulkind den Kindergarten- oder Schulbegin schmackhaft macht, indem man die nötige Ausrüstung einkauft, können Sie Ihrem Kind den Einstieg in die Tagespflege durch den gemeinsamen Einkauf bestimmter Dinge erleichtern. Da wäre zum Beispiel eine Kindertasche oder ein Kinderrucksack, in dem all die kleinen Habseligkeiten verstaut werden können, die unbedingt zur Tagesmutter mitgenommen werden sollen. Dann die Hausschuhe, die nur bei der Tagesfamilie getragen werden, und neue Kleidung, die am ersten Tag angezogen werden darf.

Kaufen Sie diese Dinge zusammen mit Ihrem Kind ein. Lassen Sie es aussuchen, welche Tasche es haben möchte. Ein Kind wird stolz darauf sein, dass es alles selber aussuchen darf. Kindern, die zu Beginn der Tagespflege noch zu klein für diesen Einkauf sind, kann man diese Freude auch später machen.

Stationen der Eingewöhnung

Ziel der Eingewöhnungsphase ist, dass Tagesmutter und Tageskind eine Beziehung zueinander aufbauen und dass sich die Kinder aneinander gewöhnen.

Die Eingewöhnung stellt hohe Anforderungen an das Kind

Diese Anfangsphase ist für jedes Kind eine große Herausforderung an seine Fähigkeiten, sich an eine neue Umgebung zu gewöhnen und Beziehungen zu anderen Personen aufzubauen. Für eine angstfreie Erkundung des neuen Terrains ist die anfängliche Anwesenheit der Hauptbezugsperson, meistens die Mutter, notwendig. Erst wenn es sich auch ohne Mutter oder Vater in der ungewohnten Situation sicher und geborgen fühlt, kann die eigentliche Tagespflege beginnen.

Die Eingewöhnung erfolgt in kleinen Schritten

Zunächst wird die abgebende Mutter mit ihrem Kind die Tagesmutter mehrere Tage lang erst für eine, später für zwei bis drei Stunden besuchen und sich dabei ständig in seiner Nähe aufhalten. Dabei sollte sie sich zunehmend im Hintergrund halten und mehr und mehr nur noch als stiller Beobachter fungieren.

Im fließenden Übergang übernimmt dann die Tagesmutter die Rolle der Mutter. Sie bietet dem Kind etwas zu essen und zu trinken an, tröstet es und spielt mit den Kindern. Die Mutter greift schließlich nur noch im Notfall ein.

Kürzere Abwesenheit der Mutter erst ab dem vierten Tag

Frühestens am vierten Tag sollte die Mutter damit beginnen, hin und wieder ins Nebenzimmer zu gehen. Man hat beobachtet, dass diese drei Tage eine Art »magische Grenze«

sind. Wenn das Kind vor Ablauf dieser Zeit auch nur für eine kurze Zeit bei der Tagesmutter allein gelassen wird, führt das erstaunlich oft zu einer erheblichen Verlängerung der gesamten Eingewöhnungszeit.

Wenn Sie Ihr Kind das erste Mal bei der Tagesmutter »allein« lassen, sollten Sie sich nicht still und heimlich hinausschleichen, sondern Ihrem Kind sagen, dass sie für ein paar Minuten hinausgehen. Auch wenn es anfängt zu weinen, sollten Sie den Raum verlassen, aber dann bereits nach ein bis zwei Minuten wieder zurückkommen. Nun nehmen Sie Ihr Kind in den Arm und begrüßen es. Trösten Sie es, sollte es verängstigt sein. Aber auch, wenn das Kind die Abwesenheit der Mutter ruhig hinnimmt, sollte sie es bei ihrer Rückkehr freundlich begrüßen.

Ein freundlicher Kontakt zwischen Mutter und Tagesmutter hat für das Kind Vorbildfunktion

Sie erleichtern Ihrem Kind den Kontakt mit der Tagesmutter, indem Sie ihm zeigen, wie freundlich Sie ihr gesonnen sind und wie nett es ist, mit ihr zusammen zu sein. Plaudern und lachen Sie mit ihr. Dadurch bauen Sie Ihrem Kind eine emotionale Brücke, die seinen Zugang zu der Tagesmutter erleichtert.

Die Dauer der Abwesenheit wird langsam größer

Dehnen Sie die Zeiten Ihrer Abwesenheit immer weiter aus. Sprechen Sie mit Ihrer Tagesmutter ab, wie lange Sie wegbleiben werden. Machen Sie einen Spaziergang um den Block. Setzen Sie sich draußen auf eine Bank oder ins Grüne – entspannen Sie sich. Weint ihr Kind beim Abschied, sollten Sie aber auf jeden Fall in Rufweite bleiben, damit die Tagesmutter Sie verständigen kann, wenn es sich nicht beruhigt.

Erst wenn die Kinder die Trennung von der Mutter verkraften, nicht oder nur kurze Zeit weinen und sich über einen längeren Zeitraum bei der Tagesmutter wohl fühlen, kann die Mutter auch einmal eine Stunde weggehen.

Entfernen Sie sich auch räumlich

Beginnen Sie dann, sich für ein oder zwei Stunden auch räumlich weiter zu entfernen. Am besten gehen Sie in dieser längeren Abwesenheit nach Hause, damit Sie für den Notfall telefonisch erreichbar sind. Wahrscheinlich werden Sie sich die meiste Zeit in der Nähe des Telefons bewegen und still und heimlich auf das Klingeln warten. Keine Angst, das ist normal. Wenn Sie es nicht aushalten, können Sie auch kurz bei der Tagesmutter anrufen.

Kinder brauchen unterschiedlich lange, um sich einzugewöhnen

Anfangs sollten Sie Ihr Kind nur zweimal pro Woche für eine Stunde bei der Tagesmutter lassen. Steigern Sie dann allmählich die Anzahl der Stunden. Achten Sie darauf, dass Sie Ihr Kind nicht drängen oder überfordern. Manche Kinder bleiben schon beim zweiten Mal für drei Stunden ohne Probleme bei der Tagesmutter. Andere möchten nach einer Stunde zur Mutter zurück.

Die Dauer der Eingewöhnung

Wenn Sie sich und Ihrem Kind genügend Zeit zur Eingewöhnung lassen, können später auftretende Probleme, zum Beispiel beim Abschied, nur noch eine Nebenrolle spielen.

In den ersten Wochen sollten Sie es, wenn irgend möglich, so einrichten, dass Ihr Kind nicht mehr als vier Stunden bei der Tagesmutter verbringt, ansonsten kann es durch eine zu lange Dauer überanstrengt sein und überfordert werden.

Die Dauer der Eingewöhnung hängt von dem Alter des Kindes und seiner Kontaktfreudigkeit ab. Sie kann von 10 Tagen bis zu vier Wochen dauern.

Die Tagesmutter schafft Beziehungen

Eine der wichtigsten Voraussetzungen für den Erfolg der Tagespflege ist ein guter Kontakt zwischen Tagesmutter und Tageskind, und der beginnt mit der ersten Kontaktaufnahme und wird in der Eingewöhnungsphase vertieft.

Ein vorsichtiges Beschnuppern

Gerade erfahrene Tagesmütter wissen um das vorsichtige Abtasten und Aneinander-Heranpirschen am Anfang einer Beziehung. Tagesmutter und Tageskind beschnuppern sich in aller Ruhe und stellen dabei − hoffentlich − fest, dass sie sich sympathisch sind. Auf dieser Sympathie lässt sich eine Beziehung aufbauen.

Hilfreich für die Kontaktaufnahme mit dem Kind ist es, wenn die Tagesmutter sich beim Sprechen auf Kinderhöhe begibt und gewissermaßen nicht von oben herab mit ihm spricht. Die »Übermacht« der Erwachsenen wird auf diese Weise aufgehoben, und Tagesmutter und Tageskind finden leichter Zugang zueinander.

Wenn das Kind es zulässt, sind auch leichte Berührungen günstig, um langsam ein Vertrauensverhältnis aufzubauen.

Die Tagesmutter signalisiert Unterstützung

Eine Tagesmutter muss immer wieder ihre Unterstützung anbieten und Hilfsbereitschaft signalisieren, sei dies beim Spiel, bei Streitigkeiten oder wenn das Tageskind vom Heimweh übermannt wird. Sie sollte aber auch nicht beleidigt reagieren, wenn die Hilfe abgelehnt wird.

Die sich wiederholenden kleinen Signale und Angebote lassen die Kinder erkennen – manche schneller, manche langsamer –, dass die Tagesmutter für sie da ist, und sie nehmen die Unterstützung nach einiger Zeit auch an.

Der Kontakt zu den anderen Kindern

Die Tagesmutter muss aber nicht nur für den Kontakt zwischen sich und dem Kind sorgen, sondern auch für den der Kinder untereinander. Die Tagesmutter sollte die Kinder miteinander bekannt machen und ihnen erklären, dass das Tageskind nun ein ständiger »Besucher« sein wird. Sie kann von vornherein die Grenzen, die das Tageskind und die eigenen Kinder nicht überschreiten dürfen, festlegen. Sie zeigt dem Tageskind zusammen mit den anderen Kindern das Spielzeug und erklärt ihm eventuell, welches nur zum Anschauen und auf keinen Fall zum Auseinandernehmen gedacht ist.

Der elfjährige Ulrich, Sohn einer Tagesmutter, meint dazu: »Die Tageskinder dürfen nur in mein Zimmer, wenn ich dabei bin und wenn ich es erlaube.«

Seine Mutter: »Obwohl die Zimmertür den ganzen Tag aufsteht, gehen die Kinder dort nicht hinein. Es wurde von Anfang an erklärt, dass dies Ulrichs Reich sei, und nach einigen Anlaufschwierigkeiten haben die Kinder das auch akzeptiert.«

Anzeichen für eine gelungene Eingewöhnung

Sie können mit der regelmäßigen Tagespflege beginnen, wenn die Tagesmutter eine Beziehung zum Tageskind aufgebaut hat, wenn sie zur Bezugsperson geworden ist und wenn die Kinder sich gegenseitig akzeptieren.

Die Anzeichen dafür sind:
- Das Kind lässt sich von der Tagesmutter trösten;
- es sucht die Aufmerksamkeit der Tagesmutter;
- es sucht körperlichen Kontakt zu der Tagesmutter;
- es sucht den Kontakt zu den anderen Kindern;
- Streitereien zwischen den Kindern nehmen nicht überhand;
- die eigenen Kinder zeigen keine übermäßige Eifersucht auf das Tageskind.

Eine ungünstig verlaufende Eingewöhnung

Es kann sich allerdings trotz anfänglicher Übereinstimmung zwischen den Eltern während der Eingewöhnungsphase herausstellen, dass die Tagespflegepartner doch nicht so gut miteinander harmonieren wie anfänglich vermutet.

Das kann viele Ursachen haben: Die Tagesmutter bekommt vielleicht keinen Kontakt zu dem Tageskind; die Kinder der Tagesmutter oder das Tageskind sind sehr eifersüchtig aufeinander und betrachten das Tageskind/die Kinder der Tagesmutter als einen übermächtigen Eindringling bzw. übermächtige Eindringlinge; die Eltern kommen mit unterschiedlichen Standpunkten in Erziehungsfragen oder mit bestimmten Absprachen nicht zurecht. Dann sollte zum Wohl des Kindes nicht mit der Tagespflege begonnen werden, auch wenn das für die Eltern heißt, dass sie sich erneut auf die Suche nach einer geeigneten Tagesmutter machen müssen. Eine Tagespflege, die auf falschen Voraussetzungen basiert, wird über kurz oder lang scheitern.

Es ist zum Wohl des Kindes, wenn Sie noch im Anfangsstadium die Entscheidung zum Abbruch einer nicht harmonierenden Tagespflege treffen und rechtzeitig nach einer neuen Möglichkeit suchen.

Vielleicht stehen Sie unter Zeitdruck und glauben, es trotz bestimmter Unstimmigkeiten mit der Tagesmutter versuchen zu können. Sollte es nach einigen Monaten immer noch nicht klappen, so sind Sie der Meinung, kann man ja immer noch eine andere Tagesmutter suchen.

Der häufige Wechsel der Tagesfamilie bedeutet zugleich ein ständiger Wechsel der Bezugspersonen, wodurch dem Kind geschadet werden kann. Stellen Sie sich vor, Ihnen würde jedes halbe Jahr eine andere Mutter, Oma, Schwester vorgesetzt. Sie könnten keine Beziehung aufbauen, hätten Angst vor dem zu erwartenden Verlust, Sie wären traurig, da Sie Ihre neue Bezugsperson schon bald wieder verlieren würden. Irgendwann reagieren Sie auf diesen ständigen Wechsel aggressiv, wollen sich auf keine Bindung oder Beziehung mehr einlassen. Genauso ergeht es den Kindern: Der ständige Wechsel der Tagesmutter verunsichert sie, fördert Verhaltensstörungen und kann dazu führen, dass die Kinder bindungsunfähig werden und später nur schwer Partnerschaften eingehen.

Je früher Sie merken, dass Sie, Ihr Kind und die Tagesmutter nicht zusammenfinden und deshalb das Tagespflegeverhältnis erst gar nicht vertiefen, desto besser ist es für Ihr Kind.

• Der Alltag bei einer Tagesmutter

Der Alltag der Tagespflege beginnt mit dem regelmäßigen Bringen und Abholen des Tageskindes zu den vereinbarten Uhrzeiten. Für das Tageskind stellt diese Regelmäßigkeit bald einen festen Bestandteil seines Lebens dar, an dem es sich orientieren kann.

In diesem Kapitel möchte ich Ihnen einen möglichen Tagesablauf skizzieren. Dabei spielen die täglich wiederkehrenden Orientierungspunkte wie Mittagessen, Spielzeit und Abholzeit eine Rolle. Es wird darum gehen, in welchen Situationen Probleme mit dem Tageskind auftauchen können und welche Situationen für die Mütter erfahrungsgemäß schwierig zu bewältigen sind, zum Beispiel der tägliche Abschied. Ob das Tageskind am Morgen oder zu einer anderen Tageszeit gebracht wird, es muss sich jeden Tag von seiner Mutter verabschieden. Manchmal klappt dies besser, manchmal schlechter.

Vieles, was mir Tagesmütter und Mütter in Gesprächen erzählt haben, hat in diesem Abschnitt Verwendung gefunden. Auf diese Weise können Sie sich anhand der praktischen Beispiele Rat holen, sollten Sie einmal in einer verzwickten Situation stecken.

Kinder orientieren sich an regelmäßigen Abläufen

Noch ein Wort zu den Orientierungspunkten: Kleine Kinder brauchen in ihrem Tagesablauf ein Gerüst aus sich regelmäßig wiederholenden Handlungen. Da sie nur ein äußerst grobes Zeitgefühl haben, können sie sich nur anhand dieses Gerüstes inmitten all der Reize und Neuigkeiten, die in ihr junges Leben hineindrängen, orientieren.

Tatsächlich entwickeln Kinder erst langsam ein ausgeprägteres Zeitgefühl. Bis zum Alter von etwa zwei Jahren denken Sie in Zeitbegriffen von vorher, jetzt und danach. Wenn sie die festen Abläufe ihres Tages kennen, zum Beispiel Bringen – Spielen – Brotzeit – Basteln – Mittagessen – Schlafen, können sie ihr Zeitkonzept, vorher – jetzt – danach, damit in Einklang bringen. Ein Kind weiß in etwa, was gemeint ist, wenn die Mutter sagt: »Ihr esst zu Mittag, dann schlaft ihr und danach hole ich dich ab.«

123

Auch sollten die einzelnen Orientierungspunkte des Tages so festgelegt sein wie kleine Rituale, damit das Kind sie leicht wieder erkennt. Davon abgesehen fördert das gemeinsame Erleben sich ständig wiederholender Handlungen die Bindung an die Menschen, mit denen diese Handlungen immer wieder gemeinsam erlebt werden.

Der Tag beginnt

Die morgendliche Hektik, in die viele Menschen fast schon gewohnheitsmäßig verfallen, ist eine schlechte Vorbereitung auf die Zeit bei der Tagesmutter.

Einige Mütter planen zu knapp und müssen dann ihre Kinder antreiben. Werden die Kinder zu sehr gehetzt, bleibt ihnen nicht genügend Zeit für einen gelassenen Einstieg in den neuen Tag und einen entspannten Kontakt mit ihren Eltern. Unzufrieden und gereizt werden sie natürlich unleidlich und fangen erst recht an herumzutrödeln, was wiederum

der gestressten Mutter auf die Nerven geht. Es kommt zu einem überflüssigen Morgengewitter daheim oder auf dem Weg zur Tagesmutter. Kommt das Kind bei der Tagesmutter an, ist es nicht so entspannt und ruht nicht in sich.

Es gibt aber auch Mütter, die rechtzeitig mit ihren Kindern aufstehen, das morgendliche Zusammensein im Familienkreis aber zu ausgiebig genießen und auf diese Weise in Verzug kommen. Folglich muss die verlorene Zeit dann durch Eile auf dem Weg zur Tagesmutter oder beim Abschied wieder eingeholt werden. Und das bedeutet wiederum Stress.

Kurz gefasst: Versuchen Sie einen vernünftigen Zeitplan einzuhalten, damit Ihr Kind die Zeit bei der Tagesmutter ausgeglichen beginnen kann.

Der Weg zur Tagesmutter

Der Weg zur Tagesmutter ist ein Orientierungspunkt für das Kind. Fahren Sie immer den gleichen Weg und bauen Sie kleine »Rituale« ein. So gewinnt Ihr Kind Sicherheit.

Auf unserem täglichen Weg zur Tagesmutter kaufen wir zum Beispiel für alle Kinder Brezen ein. Das ist mittlerweile ein fester Bestandteil unseres Tages geworden, an dem sowohl meine Kinder als auch die Kinder unserer Tagesmutter festhalten. Einen weiteren Orientierungspunkt bieten uns das Feuerwehrhaus und der Spielplatz. Kurz vor der Feuerwehr muss ich langsamer fahren, damit genau begutachtet werden kann, ob alle Autos da sind. Bezüglich des Spielplatzes kommt jeden Morgen dieselbe Frage: »Geht Susanne heute mit uns auf den Spielplatz?« Versuche ich, den Weg zu ändern, erklingt von der Rücksitzbank fürchterliches Geschrei.

Jeder Weg bietet die Möglichkeit, bestimmte Rituale einzuführen, sei es, dass Sie der Tagesmutter am Kiosk die Morgenzeitung kaufen, die Ihr Kind höchstpersönlich überreicht, sei es, dass Sie sich jeden Tag bestimmte Bauwerke oder andere Dinge zeigen lassen. Diese kleinen Gewohnheiten machen den täglichen Weg interessant und bieten den Kindern eine Orientierungshilfe. Änderungen dürfen nur im Notfall stattfinden.

Der Abschied von der Mutter

Gerade in der Anfangszeit fließen bei dem täglichen Abschied häufig noch Tränen, auch wenn die Tagesmutter schon zu einem vertrauten Menschen geworden ist. Einige Mütter haben richtiggehend Angst davor. Hier hilft nur eines: Ruhe bewahren!

Begleiten Sie Ihr Kind in die Wohnung Ihrer Tagesmutter, geben Sie es nicht einfach an der Haustür ab. Warten Sie, bis es sich ausgezogen hat, dann erst verabschieden Sie sich. Machen Sie daraus aber keine zu Herzen gehende Szene, machen Sie es möglichst »kurz und bestimmt«. Die Tagesmutter sollte sich dabei im Hintergrund bewegen und sofort nach dem Abschied ihre Aufmerksamkeit auf das Tageskind richten. So wird das Tageskind ein wenig von seinem Trennungsschmerz abgelenkt.

Der Abschied fällt in den ersten Wochen am schwersten. Dann aber kommt eine Zeit, in der die Kinder es häufig gar nicht erwarten können, zu ihren Spielgefährten zu kommen, die Mama bekommt noch ein schnelles Küsschen und weg sind sie.

Einige Kinder weinen erst nach einigen Wochen

Es gibt auch Kinder, die in den ersten Wochen gar nicht weinen und scheinbar keinen Trennungsschmerz fühlen. Vorsicht: Hier überwiegt die Neugier auf das Neue und Ungewohnte. Es ist gut möglich, dass sich die Trennungsphase nur verzögert. Die Kinder fangen erst nach einigen Wochen, wenn der Reiz des Neuen nachlässt und sich der Alltag für sie einstellt, mit dem täglichen Weinen beim Abschied an. Das ist aber durchaus normal!

Der Trennungsschmerz hat viele Gesichter

Der Trennungsschmerz kann viele Gesichter haben. Manche Kinder stehen nur tief beleidigt und schluchzend an der Tür. Andere machen durch lautstarkes Gebrüll ihrem Unmut Luft. Sich an die Mutter klammern, nach ihr schlagen, treten, beißen – alle Variationen haben Mütter und Tagesmütter schon erlebt.

Als Mutter hat man ein irrsinnig schlechtes Gewissen, wenn man jetzt geht, aber lassen Sie sich durch den Protest Ihres Kindes nicht verunsichern. Dieses Protestverhalten, welcher Form auch immer, ist typisch für die Trennungsphase oder auch für andere Zeiten, in denen die Kinder aus irgendeinem Grund verunsichert sind. Vertrautes wird nicht gern für etwas Neues eingetauscht, auch wenn das Neue noch so schön ist. Die Kinder versuchen durch ihren Protest, ihre Mutter dazu zu bewegen, sie wieder mitzunehmen. Denn sie ist und bleibt die Hauptbezugsperson.

Mütter dürfen sich nicht verunsichern lassen

An dieser Übergangsstelle müssen die Mütter einen kühlen Kopf bewahren, damit sie ihre Kinder bestimmt und liebevoll über den kritischen Punkt begleiten können. Wenn die Kinder verstehen, dass jede »Gegenwehr« zwecklos ist, freunden sie sich viel schneller mit der neuen Situation an, die im Laufe der Zeit zu etwas Vertrautem und Ersehntem wird.

Haben Sie als Mutter von vornherein ein schlechtes Gewissen, da Sie eigentlich lieber bei Ihrem Kind zu Hause bleiben möchten, können Sie es zusätzlich so verunsichern, dass es sich bei der Tagesmutter nur schwer wohl fühlen kann. Das Kind weint dann sozusagen die Tränen der Mutter mit, neben den eigenen Tränen, die es ohnehin schon vergießt.

Zu Ihrer Beruhigung aber noch eine kleine Geschichte: Mit meinen beiden Kindern hatte ich auch eine Zeit lang jeden Tag dasselbe Theater. Morgens weinten sie, und auch beim Abholen flossen Tränen. Auch wenn ich den Eindruck hatte, dass sie sich bei ihrer Tagesmutter wohl fühlten, gab es dennoch immer diese Tränenflut. In mir regten sich Zweifel. Sollten sie sich doch nicht wohl fühlen? Waren Sie noch zu klein für die Tagespflege? Das ging so lange, bis ich ein einschneidendes Erlebnis hatte: An einem Tag kam ich etwas früher als sonst zum Abholen. Durch die offenen Fenster konnte ich Gejuchze und lautes Lachen hören, dazwischen die Stimme unserer Tagesmutter:»Jetzt hab ich dich aber, jetzt krieg ich dich gleich.« Ich sah bildlich vor mir, wie unsere Tagesmutter die Kinder durch die Wohnung jagte und denjenigen, den sie gerade erwischte, durchkitzelte. Als ich klingelte, war der Spaß schlagartig zu Ende. Meine beiden standen heulend und schniefend vor der Tür, als ob es ihnen ganz, ganz schlecht ginge.

Also: Auch wenn Ihr Kind weint, gehen Sie. Sie können ja sofort bei der Tagesmutter anrufen und nachfragen, ob sich Ihr Kind wieder beruhigt hat. Erfahrene Tagesmütter haben diese Situation und die Verunsicherung der Mutter schon viele Male erlebt und können Sie gut verstehen:

»In der Trennungsphase leidet das Kind, die Tagesmutter leidet genauso, aber am meisten leidet die Mutter, sag ich immer. Wobei die Kinder nur solange leiden, wie die Mutter in der Nähe ist. Kaum ist sie aus dem Haus, geht's wieder. Ich mache das immer so, dass ich ihr dann sag: ›Ruf an und dann hörst du, was hier abläuft und bist beruhigter in der Arbeit.‹ Das hat bisher immer geholfen.

Die Kinder haben es schnell spitz: Wenn ich jetzt in Tränen ausbreche, dann kann ich eine Menge durchsetzen. Da muss man die Mutter ein bisschen schubsen: › Geh, das klappt schon, wenn du weg bist.‹

Klingelt dann bei mir das Telefon und fragt die Mutter, ob sich inzwischen alles geklärt hat, konnte ich bis jetzt noch immer sagen: › Es ist alles wunderbar, du warst noch nicht aus dem Treppenhaus raus, da war das Geschrei schon zu Ende!‹ Das wiederholt sich bei jedem Kind, immer wieder.«

Ein Tipp noch

Sehen Sie die positiven Dinge, die Ihnen die Tagespflege ermöglicht, das macht Sie gelassener – Sie verdienen in dieser Zeit vermutlich Geld, Sie haben eine andere Ansprache, Sie brauchen eine gewisse Zeit nicht aufzupassen, dass sich Ihr Kind den Mund an Ihrer sauberen Jeans abwischt oder seine dreckigen Finger auf Ihrem Pullover landen. Und – Ihrem Kind mangelt es an nichts, es wird umsorgt, betreut und lernt soziales Verhalten in der »Großfamilie«, die Sie ihm allein gar nicht bieten könnten. Ihr Kind kann also eine zufriedene Mutter haben und wird zusätzlich von einer fantastischen Tagesmutter betreut.

Die Tagesmutter kann den Abschiedsschmerz des Kindes mildern

Mit ein wenig Feingefühl kann eine Tagesmutter ihren Tageskindern den Abschied erleichtern: Nehmen Sie das Tageskind beispielsweise gleich zur Begrüßung in den Arm und spielen Sie mit ihm.

Unsere Tagesmutter musste einige Zeit unsere Tochter sofort in den Arm nehmen, ins Wohnzimmer gehen und eine bestimmte Kassette anhören. Da war meine Tochter glücklich, und sie vergaß, dass sie eigentlich traurig sein wollte.

Unser Jüngster lässt sich von seinem Trennungsschmerz beim Fischefüttern ablenken und vergisst ihn dabei vollkommen. Und trotzdem kommt es hin und wieder vor, dass er eine halbe Stunde auf der Eckbank sitzt, an seiner Flasche nuckelt und sich in dieser Zeit auch nicht zum Spielen bewegen lässt. Er braucht diese Zeit zum Auftauen. Auch ein zweites gemeinsames Frühstück ist für alle Kinder ein schönes Ritual, um den Tag gemeinsam zu beginnen.

Kleine »Überbrückungshilfen« sind erlaubt

Gelegentlicher Missmut, dass die Mama zur Arbeit gehen muss, tritt auch nach der Eingewöhnung immer wieder auf, aber nie wieder so massiv wie am Anfang. In diesen Fällen können Sie es mit kleinen »Bestechungen« versuchen. Rufen Sie kurz bei Ihrer Tagesmutter an und fragen Sie, ob für den Tag etwas Besonderes geplant ist, ob es etwas Spezielles zum Mittagessen gibt oder ob Ihr Kind sein Lieblingsspielzeug oder ein paar Kekse mitbringen darf. Dann malen Sie dem Kind diese Besonderheit in den schönsten Farben aus. Meistens gehen die Kinder dann doch ganz gern zu der Tagesmutter.

Zu Alternativen wie Süßigkeiten oder Fernsehen bei der Tagesmutter sollten Sie jedoch nicht greifen. Die Kinder versuchen sonst durch Tränen häufiger in den Genuss dieser Dinge zu kommen, was Ihnen wahrscheinlich nicht recht wäre.

Bei nicht enden wollenden Abschiedsszenen sollten Sie nach den Ursachen forschen

Halten die morgendlichen Abschiedsszenen an oder setzen sie plötzlich wieder ein, sollten Sie sich mit der Tagesmutter zusammensetzen. Vielleicht ist während der Tagespflege etwas vorgefallen. Hatte Ihr Kind Streit mit der Tagesmutter, fühlt es sich benachteiligt, haben sich die Kinder gestritten? Liegen derartige Ursachen den schmerzlichen Abschiedsszenen zugrunde, sollten Mutter und Tagesmutter sie aus dem Weg räumen.

Nehmen Sie sich einen Tag frei

Manchmal kann es auch vernünftig sein, mit seinem Kind einen Tag außer der Reihe zu Hause zu verbringen. Wenden Sie sich an Ihren Kinderarzt: Unter Umständen kann er einen der Ihnen zustehenden Pflegetage verordnen. Das Gesetz schreibt zwar vor, dass ein Kind krank sein muss, damit ein Pflegetag in Anspruch genommen werden kann, aber es liegt letzten Endes immer im Ermessen des Arztes, seelische Notfälle zu berücksichtigen.

Ich habe auch schon einige Male beobachtet, dass der Wunsch, zu Hause zu bleiben, tatsächlich der Vorbote für eine sich anbahnende Erkrankung war.

Spielzeit

Ob die Tageskinder nun am Morgen oder am Nachmittag gebracht werden, die Zeit nach dem Bringen gehört dem Spiel der Kinder.

Häufig möchten die älteren Kinder auch erst einmal alleine sein, um sich zu erzählen, was sich am Vortag noch ereignet hat und was sie ohne den Freund oder die Freundin erlebt haben. Die kleineren Kinder sitzen auch gerne erst einmal zusammen am Frühstückstisch oder auf dem Sofa.

Entweder spielen die Kinder miteinander oder die Tagesmutter setzt sich zu ihnen und spielt oder bastelt mit allen. Sie kann aber auch einfach nur anwesend sein, bereit, den Kindern zu helfen, sie anzuleiten oder Vorschläge zu machen, wenn deren Phantasie erschöpft ist.

Nichts ist quälender als ein verregneter Tag, an dem einem irgendwann die Spielideen ausgehen. Vor allem kleine Kinder können sich oft nur drei bis vier Minuten mit einem Spiel beschäftigen. Da kann es auch eine willkommene Abwechslung sein, gemeinsam etwas zu kochen, die Blumen zu gießen oder den Hund zu bürsten.

Das Mittagessen

Was zu Hause bei der Mutter oft in einem Desaster endet, scheint bei der Tagesmutter kein Problem zu sein. Die Kinder essen wie die Scheunendrescher, sie bleiben am Tisch sitzen, bis alle fertig sind, und das ohne Protest!

Aus meiner eigenen Kindheit weiß ich noch, dass es bei den Großeltern oder bei Freunden immer besser geschmeckt hat als bei uns zu Hause. Genauso ist es auch bei der Tagesmutter.

Aus dem Erfahrungsschatz einer Tagesmutter:

»Die Kinder sitzen bei uns am Tisch, weil der normale Futterneid da ist. Zu Hause ist Essen oder Schlafen eine überflüssige Zeitverschwendung. Bei uns wird nur darauf geguckt, was der andere gerade macht und dann wird gespachtelt. ›Ich bin die Nummer eins, ich bin schon fertig!‹, heißt es dann, oder wir machen das Spielchen vom Kaiser-König-Bettelmann. All so was passiert zu Hause natürlich nicht und wäre mit den Eltern auch nicht so interessant. Da ist man alleine, da ist kein Druck dahinter. Den Kindern macht es Spaß, mit anderen Kindern zusammen zu essen. Wenn einer futtert, dann ziehen die anderen ganz schnell nach, denn ansonsten könnte ihnen ja etwas entgehen.

Beim Essen zu Hause fragte eine Mutter ihr Kind, ob es ihm schmeckte. Darauf ihre Tochter: ›Bei dir schmeckt das ganz gut, aber bei Johanna (ihrer Tagesmutter) schmeckt es besser. Wir können sie ja mal fragen, ob sie das für uns kocht, und wir nehmen das dann übers Wochenende mit.‹«

Beleidigtsein bei der Mutter, Schmunzeln bei der Tagesmutter, wenn solche Geschichten passieren. Als Mutter kann man in solch einem Moment nur tief durchatmen und einmal schlucken. Beleidigtsein ist völlig unnötig. Ihr Kind weiß nicht, dass nicht das Mahl an sich entscheidend ist, sondern die Umgebung und die Gesellschaft das Essen besser schmecken lassen. Und selbst wenn die Tagesmutter besser kochen kann als Sie: Tragen Sie es mit Fassung!

Feste Regeln für das Essen sind eine Orientierungshilfe im Tagesablauf

Beim Essen herrschen bei jeder Tagesmutter andere Regeln, die von der Kinderzahl, dem Alter der Kinder, aber auch von den Gewohnheiten der Tagesfamilie bei Tisch abhängig sind. Wichtig ist jedoch auch hier, dass Sie einen festen Ablauf festlegen. Vielleicht gefällt Ihnen die folgende Variante:

Jedes Kind hat bei Tisch seinen angestammten Platz und sein eigenes, speziell gekennzeichnetes Glas und Besteck. So weiß es, wo es hingehört und fühlt sich sicher. Sitzen dann alle vor dem vollen Teller, reichen sich alle die Hände und wünschen sich einen guten Appetit. Erst danach beginnen alle zu essen.

Andere Rituale können das gemeinsame Tischdecken, ein Lied, ein Spruch oder ein Tischgebet sein. Was Sie auch wählen, die Kinder freuen sich darauf.

Das Mittagessen ist ein zentraler Orientierungspunkt innerhalb der Tagespflege. Einige Kinder werden nach dem Essen abgeholt, andere wissen, dass der Tag bei der Tagesmutter zur Hälfte herum ist. In einigen Tagesfamilien kommen jetzt die Nachmittagskinder, auf die sich die anderen Kinder schon freuen.

Der Mittagsschlaf

Bei vielen Tagesmüttern folgt auf das Mittagessen der Mittagsschlaf. Wie er im Einzelnen aussieht, ergibt sich aus den Gewohnheiten der Kinder. Manchmal ist es gar nicht so leicht, die Gewohnheiten mehrerer Kinder unter einen Hut zu bringen – bei dem einen muss die Lampe mit einem roten Tuch abgedunkelt werden, bei dem anderen muss das Kuscheltuch jederzeit griffbereit neben dem Kopfkissen liegen und ein drittes Kind braucht vielleicht den Kuschelteddy zum Einschlafen.

Die optimale Lösung findet sich manchmal erst nach mehreren Versuchen. Diese Erfahrung machte auch unsere Tagesmutter Susanne. Es gab ein paar Tage, da versuchte sie, die beiden Großen in einem Bett schlafen zu lassen. Es klappte auch soweit ganz gut, denn es gab keinen Streit und sie hielten sich nicht gegenseitig durch Herumalbern wach. Weshalb Susanne diese Idee jedoch sehr schnell wieder fallen ließ, hatte folgenden Grund: Unser Sohn Mirko schlief schon tief und fest, während Susannes Sohn Kevin nicht einschlafen

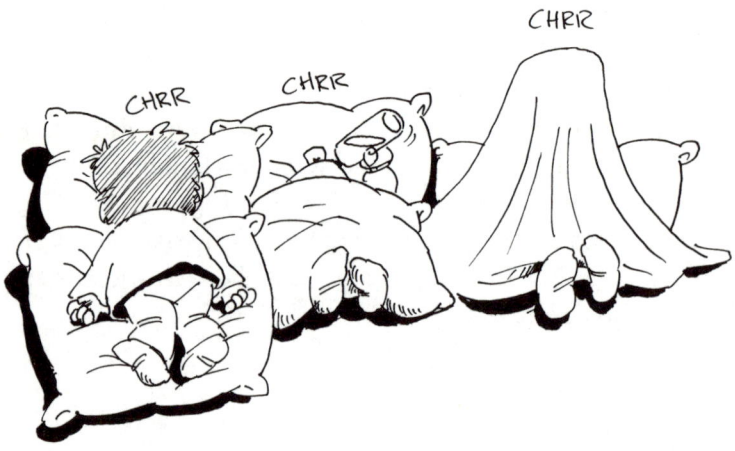

134

konnte. Zum einen hatte er zu wenig Bettdecke, schlimmer aber war, dass Mirko fürchterlich schnarchte, während Kevin sich leise schimpfend und schnaubend von einer Seite auf die andere wälzte und versuchte, den Geräuschen seines Nachbarn zu entgehen.

Seitdem schlafen meine Kinder getrennt im Elternschlafzimmer – Theresa wie immer im Gitterbett, Mirko im großen Elternbett und Kevin allein in seinem Zimmer. Das klappt wunderbar, da Susanne außerdem herausgefunden hat, dass man Theresa niemals frisch gewaschenes Bettzeug andrehen darf. Also wird das Kissen erst einmal von einem anderen ein, zwei Tage lang »eingeschlafen«. Dann ist meine Tochter wieder zufrieden.

Vor einem Problem stehen manche Tagesmütter, die mehrere Kinder betreuen. Wenn nämlich zwei oder drei der Kinder nur einschlafen können, wenn man sich selber dazulegt. In dieser Situation müssen Sie sich etwas einfallen lassen, damit entweder der Rest der Kinderschar in dieser Zeit nichts anstellt oder die Tageskinder sich langsam daran gewöhnen, auch ohne Sie einzuschlafen.

Gerade Kinder in der Tagespflege brauchen ihren Mittagsschlaf

Was die Tagesmütter häufig ärgert, ist die Tatsache, dass sie die Kinder den ganzen Tag wach halten sollen. Die Mütter glauben, dass ihr Kind ohne Mittagsschlaf abends bereitwilliger ins Bett ginge und sie früher ihre Ruhe hätten.

Eine fehlende Ruhepause kann ein Kind aber überfordern. Kinder haben ihren eigenen Schlafrhythmus, den man nicht stören sollte, und sie wissen selber am besten, wann sie Ruhe brauchen. Schlafen dient nun einmal der Energiegewinnung und dem notwendigen Ordnen und der Verarbeitung des gerade Erlebten, und gerade zu Beginn der Betreuung durch eine Tagesmutter haben sie einiges zu verarbeiten. Davon abgesehen schlafen viele Kinder am Abend nicht später ein und kommen im Gegenteil oft besser zur Ruhe, wenn sie einen entspannenden Mittagsschlaf gehalten haben. Aus diesem Grund sollten Sie ein Tageskind, das außerhalb der Schlafenszeiten müde wird, in sein Bett legen.

Meine Tochter machte es unserer Tagesmutter da sehr leicht. Sie rollte sich einfach auf dem Boden zusammen und schlief ein.

Andererseits hole ich heute häufig ein fürchterlich quengeliges Kind ab, das partout in keinem anderen Bett schlafen will als in seinem eigenen. Zu Hause geht mein Sohn aber auch nicht ins Bett, sieht er doch seinen großen Bruder wieder und will er doch die ältere Schwester noch vom Kindergarten abholen. Daher hole ich meinen Sohn mittlerweile noch vor dem Mittagessen ab, da die gemeinsame Mahlzeit zu Hause für ihn noch sehr wichtig ist. Seitdem schläft er abends auch wieder besser. Wir hatten das Glück, dass wir es so einrichten konnten.

Eine andere Mutter hat das Problem mittlerweile mit etwas mehr Aufwand glücklich gelöst. Sie schleppt jeden Tag Bettdecke, Kopfkissen und Kuschelbär mit zur Tagesmutter und abends nimmt sie es wieder mit. »Das mag sich zwar nach einem irrsinnigen Aufwand anhören. Ich brauche aber die Abendstunden zum Relaxen für mich allein. Ein quengeliges Kind am Abend, das eigentlich müde ist, aber vollkommen überdreht nicht einschlafen kann, ist schlimmer als die große Tasche morgens schnell zu packen. Außerdem hege ich die Hoffnung, dass ich die Bettdecke schon in allernächster Zeit daheim lassen kann. Die kuschelige Bettdecke unserer Tagesmutter beäugt er jetzt schon ganz intensiv.«

Der Abschied von der Tagesmutter und den Spielgefährten

Auch wenn sich das Kind noch so sehr über das Wiedersehen mit seiner Mutter freut, bedeutet der Abschied von der Tagesmutter und den Spielgefährten doch auch eine kleine Trennung von vertrauten Menschen, mit denen es eine gemeinsame Zeit verbracht hat.

Die gemeinsame Zeit braucht einen Ausklang

Die Eltern sollten sich ein bisschen Zeit nehmen, damit der Tag bei der Tagesmutter harmonisch ausklingen kann. Von daher sollte die Mutter das Kind nicht abrupt aus dem schönsten Spiel herausreißen. Sie setzen sich besser noch einen Augenblick dazu und lassen sich von den Kindern berichten, was sie gerade gebaut haben. Geben Sie ihnen noch fünf Minuten Zeit, das Spiel zu beenden oder auf den nächsten Tag zu verschieben.

Lassen Sie sich von den Kindern selber die aufregendsten Dinge des Tages erzählen. Dabei kann es schon einmal passieren, dass Sie, in Ihren besten Sachen auf dem Boden sitzend, alle Kinder auf dem Schoß haben. So nehmen die Kinder wieder Kontakt zu ihren Müttern oder Vätern auf und gleichzeitig Abschied von den Spielgefährten und der Tagesmutter.

Einige Tipps zum Abschied

Greifen Sie nicht ein, wenn die Tagesmutter die Kinder zum Aufräumen noch einmal ins Kinderzimmer schickt. Ihr Kind hat keine Sonderrechte, nur weil Sie jetzt da sind.

Als Tagesmutter sollten Sie es vermeiden, die Kinder sicherheitshalber schon einmal anzuziehen, wenn Sie annehmen, dass sie gleich abgeholt werden. Die Kinder fühlen sich

dann von Ihnen abgeschoben. Sie wissen nicht, dass Sie nach einem langen Tag eine Ruhepause herbeisehnen. Sie sehen nur, dass Sie sie so schnell wie möglich loswerden möchten und fühlen sich nicht mehr willkommen.

Eine Ausnahme sind Tage, an denen die Mutter schon angekündigt hat, dass sie zeitlich knapp dran ist und das Abholen schnell gehen muss. Wenn ich merke, dass ich erst knapp vor Ende der Betreuungszeit kommen kann, rufe ich bei der Tagesmutter kurz an. So kann sie die Kinder schon einmal anziehen und ihnen das Ganze ein wenig schmackhaft machen: »Wir überraschen heute die Mama, indem wir uns schon einmal anziehen.« Aber auch die Gründe für die Eile – ein Arzttermin oder eine Verabredung – kann man selbst kleineren Kindern schon erklären.

Vergessen Sie in der Hektik nicht, sich am Schluss gebührend von allen Kindern zu verabschieden. Diese zwei Minuten sind immer drin und für die gute Beziehung aller an der Tagespflege Beteiligten wichtig.

Die Zeit danach

Für Tagesmutter und Mutter ist der Tag aber noch lange nicht zu Ende. Da muss noch eingekauft, die Wohnung sauber gemacht werden, Vorbereitungen für den nächsten Tag oder das Wochenende stehen an. Für die Kinder ist es jedoch wichtig, dass die Mutter jetzt wirklich nur Zeit für sie hat. Alle Kinder wünschen sich die ungeteilte Aufmerksamkeit ihrer Mütter.

Sowohl für die Tagesmutter als auch für die abgebende Mutter gilt: Nehmen Sie sich Zeit für Ihre Kinder. Verfallen Sie nicht in die Alltagshektik. Rasen Sie nicht durch den Supermarkt, Ihre Kinder hinter sich herziehend. Wenn Sie noch einkaufen müssen, veranstalten Sie keinen Großeinkauf. Auch den Staubsauger stört es nicht, wenn er noch 10 Minuten länger in der Ecke stehen bleiben muss.

Entspannung bedeutet für die Kinder zum einen, die volle Aufmerksamkeit der Mutter zu genießen, und zum anderen, sich ihrer Lieblingsbeschäftigung widmen zu können. Wenn sich Mutter und Kinder gemeinsam eine Viertelstunde beschäftigt haben, sehen die Kinder leichter ein, dass für den Haushalt noch etwas getan werden muss.

• Die Entwöhnungsphase

Ebenso wie es in der Tagespflege eine Eingewöhnung gibt, gibt es auch eine Entwöhnungsphase, die genauso behutsam vonstatten gehen sollte wie der Beginn der Tagespflege.

In den meisten Fällen hat man über mehrere Jahre hinweg eine ziemlich lange Zeit zusammen verbracht. Man ist zusammengewachsen. Nun kommt etwas völlig Neues, in den meisten Fällen der Kindergarten, manchmal aber auch eine andere Schule oder eine ganz neue Umgebung. Viele Kinder sind sich der unerfreulichen Seiten dieser Veränderung gar nicht bewusst. Sie freuen sich auf den neuen Lebensabschnitt, ohne zu überschauen, dass damit auch die Tagespflege endet.

Das Abschiednehmen geschieht stufenweise

Ideal für die Entwöhnung sind längere Ferienzeiten wie Sommer- oder Weihnachtsferien, weil dann die Eltern auch tatsächlich die Möglichkeit haben, die Betreuungszeit stufenweise zu verkürzen und die bei der Tagesmutter ausgefallenen Stunden mit ihren Kindern zu verbringen.

Anfänglich holt die abgebende Mutter ihr Kind an ein oder zwei Tagen der Woche früher ab. Eine Woche später fällt bei Ganztagskindern ein halber Tag, bei den Halbtagskindern ein ganzer Tag aus. Nach ein bis zwei Wochen werden dann eine oder zwei Wochen Urlaub eingeschoben. Nach dem Urlaub sollten sich die Kinder noch einmal sehen. Jetzt allerdings nur noch ein- bis zweimal die Woche am Nachmittag.

Fängt dann die Schule oder der Kindergarten an, gibt es unterschiedliche Möglichkeiten: Bei Kindergartenkindern lässt man beispielsweise einen Tag in der Woche den Kindergarten sausen und bringt das Kind noch zwei bis drei Wochen lang einmal wöchentlich zur Tagesmutter. Danach wird die Zeit auf einmal in der Woche für einige Stunden nach dem Kindergarten reduziert. Schulkinder dürfen anfänglich einmal in der Woche am Nachmittag die Tagesfamilie besuchen.

Sanfte Entwöhnung auch bei plötzlichem Abbruch

Sollten Sie aus beruflichen Gründen oder anderer Faktoren wegen gezwungen sein, die Tagespflege schneller als geplant zu beenden, versuchen Sie, dem Kind eine möglichst sanfte Form des Übergangs zu ermöglichen. Müssen Sie beispielsweise von heute auf morgen umziehen, schicken Sie der Tagesmutter zumindest Fotos oder Briefe, machen Sie ihr auf alle Fälle später einen Besuch oder laden Sie sie in Ihr neues Domizil ein. Auch wenn die Kinder sich meistens nicht über ihren Kummer äußern, stellt für sie dieser Abschied doch einen kleineren oder größeren Bruch dar, der unbedingt aufgefangen werden sollte.

Die Tagesmutter kann helfen

Als Tagesmutter können Sie Ihrem Tageskind helfen, die Abschiedsphase besser zu überstehen.

- Besuchen Sie mit Ihrem Tageskind einmal seinen neuen Wirkungskreis. So hat das Kind das Gefühl, dass Sie immer noch an ihm interessiert sind.
- Veranstalten Sie am letzten Tag ein Abschiedsfest, das auch als solches deklariert ist. Laden Sie dazu alle Kinder ein, die Ihr Tageskind während der Tagespflege besser kennen gelernt hat.
- Schenken Sie Ihrem Tageskind etwas für den Kindergarten- oder Schulanfang.
- Holen Sie Ihr Tageskind auch nach dem Ende der Tagespflege einige Male vom Kindergarten oder der Schule ab.
- Kurz und gut: Verhalten Sie sich zu dem Kind weiterhin wie zu einem Freund Ihrer Familie.

Oft bleibt der Kontakt erhalten

In meinen Interviews wurde mir oft berichtet, dass die Kinder noch langjährige Freundschaften mit ihrer ehemaligen Tagesfamilie unterhalten. Die Kinder sehen die Tagesfamilie als Ersatzfamilie an, an die sie sich zum Beispiel noch gerne wenden, wenn sie Probleme haben, über die sie mit ihren Eltern nicht sprechen möchten.

Seitdem Mirko in den Kindergarten geht, richte ich es so ein, dass ich ihn zuerst vom Kindergarten abhole und wir dann zusammen zu Susanne fahren, um Theresa abzuholen. So sieht er seine alten Freunde wieder und kann mit ihnen auch noch spielen. Und oftmals rennt er erst zu Susanne und umarmt sie. »Das ist Balsam für die verlassene Tagesmutterseele, wenn ein ehemaliges Tageskind sich so freut, einen wieder zu sehen.«

Wir haben unsre alte Tagesmutter auch nach ihrem Umzug noch hin und wieder gesehen, die Kinder blieben gute Freunde. Leider wohnen wir mittlerweile so weit auseinander, dass sich ein »Sehenlassen« nicht realisieren lässt. Wir Frauen telefonieren aber hin und wieder miteinander und auch die Kinder, wenn sie es möchten. Und das noch vier Jahre nach dem Ende unserer »Pflegezeit«.

Probleme in der Tagespflege und ihre Bewältigung

Wie in jeder anderen Beziehung kommt es auch in der Tagespflege hin und wieder zu Meinungsverschiedenheiten und zu kleineren oder größeren Konflikten. Folgende Aussagen von Müttern und Tagesmüttern spiegeln die Hauptproblembereiche wider, die in der Tagespflege auftreten können:

- »Ich freue mich auf meine Arbeit. Aber wenn ich mein Kind bei der Tagesmutter abgebe, möchte ich es am liebsten wieder mitnehmen.«
- »Eines der häufigsten Probleme bei uns ist die Eifersucht vonseiten der Mutter.«
- »Zwischen den Kindern kommt es natürlich auch zu Konflikten wie bei richtigen Geschwistern. Und natürlich zu Eifersüchteleien!«
- »Anfänglich waren meine Kinder neugierig auf den Familienzuwachs. Dann kam die Eifersuchtsphase. Mittlerweile überwiegt aber die Freude auf unser Tageskind.«
- »Meine Tochter ist sehr dominierend. Sie bestimmt alles. Unser Tageskind versucht sich durchzusetzen.«
- »Sie können nicht miteinander, schon gar nicht ohne einander, aber gegen mich sind sie sich einig.«

Zahlreiche Schwierigkeiten in der Tagespflege sind allerdings »hausgemacht«, das heißt, sie beruhen nur auf einer mangelnden Vorbereitung und einer ungenügenden vertraglichen Absicherung. Ihnen lässt sich durch eine sorgfältige Vorbereitung vorbeugen.

Andere Schwierigkeiten jedoch, die erst in der Praxis der Tagespflege sichtbar werden, sind nicht vorhersehbar und daher auch nicht vermeidbar. In diesem Kapitel soll es hauptsächlich darum gehen, wie man mit kritischen Situationen umgehen kann. Sie alle erfordern viel Fingerspitzengefühl, gegenseitiges Vertrauen und Offenheit vonseiten der beteiligten Erwachsenen.

● Grundlagen für eine tragfähige Beziehung

Grundlage für die glückliche Lösung eventueller Konflikte ist eine gute Beziehung zwischen den Eltern und der Tagesmutter. Im Idealfall gleicht sie einer Freundschaft, die stetig wächst. Manche Beziehungen sind dabei etwas distanzierter, andere enger.

Die Pfeiler, auf denen die Beziehung zwischen Eltern und Tagesmutter ruht und die sie zu einer stabilen Plattform machen, auch wenn Konflikte auftreten, sind Vertrauen, Verständnis und Kommunikationsbereitschaft.

Vertrauen

Die Eltern müssen der Frau vertrauen können, der sie ihr Kind übergeben. Sie müssen sich darauf verlassen können, dass die Tagesmutter die abgesprochenen Vereinbarungen einhält, damit ihrem Kind kein Schaden zugefügt wird. Andererseits muss die Tagesmutter den Eltern vertrauen können, dass sie sich an die Vereinbarungen halten und, wenn notwendig, auch bereit sind, über Probleme zu sprechen, die sich innerhalb der partnerschaftlichen Situation ergeben. Sonst wirkt sich dies negativ auf das Kind aus.

144

Ebenso wichtig wie Vertrauen ist das Verständnis für die Belange des Vertragspartners. Die Tagesmutter braucht Verständnis für die Mutter, dass diese einer Doppelbelastung durch Arbeit und Familie ausgesetzt ist und es vielleicht als schmerzlich empfindet, für einen Teil des Tages von ihrem Kind getrennt zu sein. Die Mutter braucht Verständnis für die Tagesmutter, die mit der Aufnahme und Betreuung eines Kindes eine sehr verantwortungsvolle und arbeitsintensive Aufgabe übernimmt, gleichzeitig aber auch ein Recht auf ihr Privatleben hat.

Kommunikationsbereitschaft

Die Tagespflegepartner müssen in einem regelmäßigen Austausch stehen. Es gibt vieles, was die Tagespflegepartner auch während der Tagespflege miteinander zu besprechen haben. Deshalb raten die Fachkräfte der Jugendämter und anderer Institutionen zu einem täglichen kleineren Gespräch, das beim Bringen oder Abholen der Kinder stattfinden kann. Manchmal dauert es nur ein paar Minuten, manchmal auch eine halbe Stunde. Dieses Gespräch sollte den Müttern wichtig sein, erfahren sie doch von der Tagesmutter, was während ihrer Abwesenheit alles passiert ist.

Die Tagesmütter haben Gelegenheit, von ihrer Arbeit zu erzählen und freudige sowie frustrierende Erlebnisse mit den Kindern der Mutter mitzuteilen. Man kann sich bei dieser Gelegenheit mit Förderungs- und Erziehungsmaßnahmen auseinander setzen und Entwicklungsschritte des Kindes während und außerhalb (Wochenende, Ferienzeit) der Tagespflege besprechen. Ist der Kontakt zwischen den Müttern im Fluss, werden wohl kaum wichtige Dinge verschwiegen oder angestaut werden.

In der Praxis beklagen sich jedoch häufig Tagesmütter wie auch Mütter über die mangelnde Gesprächsbereitschaft. Dies führt dazu, dass eventuell vorhandener Unmut eines oder auch beider Tagespflegepartner nicht geäußert wird. Auf diese Weise sammelt sich Ärger an. Erst wenn dann mehrere Punkte zusammenkommen oder ein Konflikt überdimensionale Ausmaße annimmt, kommt das Fass zum Überlaufen. Leider, und darauf weisen speziell die Fachkräfte der Jugendämter und Tagesmütter-Vereine hin, ist die Situation dann oft schon so verfahren, dass eine Lösung kaum noch möglich ist.

Deshalb sollten alle Tagespflegepartner wenigstens ein paar Minuten zu Beginn oder am Ende des Tages investieren, um miteinander zu sprechen. Das muss nicht unbedingt jeden Tag der Fall sein, aber zweimal in der Woche stellt meiner Meinung nach ein Minimum dar.

Sollte sich dabei ein Problem herauskristallisieren, nehmen Sie sich die Zeit zu einem Gespräch. Entweder gleich oder spätestens im Laufe der nächsten Tage. Ein stetiger Kommunikationsfluss kostet am Ende weniger Zeit als die Aufarbeitung verschleppter Probleme und gewährleistet zudem den optimalen Ablauf der Tagespflege.

• Wenn Eltern und Tagesmutter sich streiten

Wenn Sie sich über einen Punkt ärgern, überlegen Sie erst einmal, ob es sich überhaupt lohnt, darüber zu sprechen. Oft handelt es sich nur um Stimmungsschwankungen, die wir durchmachen. Wenn Sie meinen, Ihrem Ärger Luft machen zu müssen, überlegen Sie, wie Ihre Tagesmutter/die Eltern reagieren werden.

Viele kleinere Streitpunkte lassen sich in aller Ruhe am Telefon oder auch im Beisein der Kinder aus der Welt räumen. Aber auch das muss nicht immer so sein. Viel schöner, gemütlicher und auch stressfreier ist es, wenn man sich am Abend zusammensetzt, um den einen oder anderen Punkt zu lösen. Dies geht oft viel leichter, als man vorher angenommen hat.

Dürfen die Kinder dabei sein?

Wenn Sie der Meinung sind, dass Sie und Ihr Tagespflege-partner die Meinungsverschiedenheiten am Tisch besprechen können, dürfen die Kinder ruhig dabei sein. Bei Gesprächen, in denen keine Übertreibungen zu erwarten sind, können die Kinder von dem Verhalten der Erwachsenen lernen. Sie sehen, dass Probleme in Ruhe besprochen werden können und dass trotz unterschiedlicher Standpunkte eine freund-schaftliche Atmosphäre herrscht.

Steht ein echter »Zoff« ins Haus, lässt sich ohne Einblick in die Beziehung von Mutter und Tagesmutter die Frage nach der Anwesenheit der Kinder nicht so ohne weiteres beantworten.

Je souveräner die Erwachsenen mit der brenzligen Situation umgehen, desto besser für beobachtende Kinder. Wenn die Erwachsenen »gut« miteinander streiten können und es auch einmal laut werden darf, sehen die Kinder, dass nach einer heftigeren Auseinandersetzung eine Lösung möglich ist und dass sich Spannungen in Harmonie auflösen können.

Wenn die Kinder bei der Besprechung eines Problems anwesend sind, müssen Sie zum einen dafür sorgen, dass ein in der Gegenwart der Kinder begonnenes Gespräch auch in ihrer Gegenwart wieder beendet wird, zum anderen, dass das Ende des Gesprächs auch das Ende des Konflikts oder die Erarbeitung einer Problemlösung ist.

Es gibt auch Gründe, die die Anwesenheit der Kinder bei einem Streit nicht ratsam erscheinen lassen:

• wenn durch die Anzahl und Lautstärke der Kinder kein Gespräch möglich ist;
• wenn die Erwachsenen über ein größeres Kind sprechen, das Kind aber nicht in das Gespräch einbezogen werden kann; man redet sozusagen über seinen Kopf hinweg;
• wenn von vorneherein klar ist, dass sich ein Gespräch über mehrere Stunden hinzieht;
• wenn Tagesmutter oder Mutter die Neigung haben, Probleme immer zwischen Tür und Angel zu besprechen;
• wenn man von sich selber oder dem Partner weiß, dass man »richtig streiten« nicht gelernt hat, die Kinder ein falsches Bild von der Tagesmutter, den eigenen Eltern bekommen und sich auf diese Weise ein Spannungsverhältnis zwischen Tagesmutter und Tageskind aufbaut.

Abschließend sei gesagt, dass wir auch beim Streiten Vorbild-funktion für unsere Kinder haben. So wie wir mit Konflikten umgehen, werden es auch unsere Kinder tun. Können wir einen Konflikt austragen und sind auch zu Kompromissen bereit, werden unsere Kinder dies in ihrem Verhalten Freun-den und Geschwistern gegenüber umsetzen.

Spannungen verunsichern die Kinder

Haben Mutter und Tagesmutter einen unterschwelligen »Grant« aufeinander, werden die Kinder dadurch verunsi-chert. Sie sehen, dass Mutter und Tagesmutter ärgerlich aufeinander sind, können die Ursache dafür aber nicht aus-machen. Da Kinder die Ursache eines Streits zuerst immer bei sich suchen, beziehen sie auch diese Situation auf sich. Sie betrachten sich als Auslöser des Streits.

Die Folge ist, dass das Kind sowohl bei der Tagesmutter als auch bei seinen Eltern verunsichert reagiert. Es zweifelt an sich selbst und an der Liebe seiner Mutter, die es weiterhin täglich zur Tagesmutter bringt. Es zweifelt an seiner Bezie-hung zur Tagesmutter und weiß nicht mehr, ob seine Liebe und sein Vertrauen zu ihr noch angebracht sind, denn die Mama ist ja ärgerlich auf die Tagesmutter. Darf es denn in dieser Situation seiner Tagesmutter noch positive Gefühle entgegenbringen? Zu guter Letzt will das Tageskind dann vielleicht nicht mehr zu seiner Tagesmutter gehen und möchte auf diese Weise zur Entspannung der Situation bei-tragen und damit eine Lösung herbeiführen.

Fachberater können helfen

Wenn die Vertragspartner allein zu keiner Lösung kommen, empfiehlt es sich, jemanden hinzuzuziehen, der sich mit der Tagespflege gut auskennt, aber nicht in ihren Konflikt invol-viert ist. Er kann beide Parteien anhören, einlenken, wenn das Gespräch aus den Bahnen zu gleiten droht und Lösungsvorschläge einbringen, an die man eventuell nicht gedacht hat. Das kann eine pädagogische Fachkraft vom Jugendamt oder auch von einem Träger der freien Jugendhilfe, zum Beispiel von einem Tagesmütterverein, sein. Auch Eltern und Tagesmütter, die nicht beim Jugendamt gemeldet sind, haben das Recht, sich beim Jugendamt professionelle Hilfe zu holen. Warten Sie aber nicht zu lange!

● Abbruch der Tagespflege: Leidtragende sind immer die Kinder

Manchmal, aber doch häufiger, als Sie vielleicht denken, kommt es zu keiner Konfliktlösung, und der Abbruch der Tagespflege bleibt der einzige »Ausweg«.

Eines sollten sich Tagesmutter und Mutter aber immer vor Augen führen: Leidtragende eines Abbruchs der Tagespflege sind immer die Kinder, egal, ob der Abbruch von der Mutter oder der Tagesmutter ausgeht. Die Kinder werden aus einer vertrauten Umgebung herausgerissen. Sie kennen die Gründe nicht, die zu dieser überstürzten Maßnahme geführt haben, sie denken, dass sie selbst einen Fehler gemacht hätten und deshalb nicht mehr zu ihrer Tagesmutter dürfen. Ihnen fehlt die vertraute Bezugsperson, von der sie sich meist nicht einmal mehr haben verabschieden können. Nach einem plötzlichen Abbruch der Tagespflege bietet sich meist keine Gelegenheit mehr, die Tagesfamilie wieder zu sehen. Die Kinder reagieren mit Trauer, Verunsicherung und Selbstzweifeln.

Hinzu kommt, dass Tagesmutter und Mutter während der eventuell verbleibenden Tagespflegezeit oft ihre negativen Gefühle dem anderen gegenüber kaum unterdrücken können. Das Kind verbringt diese Zeit in einer gespannten Atmosphäre und bekommt negative Äußerungen von Mutter oder Tagesmutter über die andere Bezugsperson mit. Das ist Gift für die Kinderseele.

In der Mehrzahl der Fälle müssen die Kinder sich schnell wieder an eine neue Tagesfamilie gewöhnen – auf eine abrupte Trennung folgt rasch eine völlig neue Situation ohne Eingewöhnung und Übergang. Damit sind vor allem kleine Kinder hoffnungslos überfordert. Fast immer kommt es bei den Eltern zu Hause sowie auch in der neuen Tagespflege zu Verhaltensauffälligkeiten. Je nach Charakter des Kindes ziehen sich die einen in ihr Schneckenhaus zurück, andere reagieren mit Aggressionen.

Ein vorzeitiger Abbruch der Tagespflege lässt sich aber meist vermeiden, wenn Tagesmutter und Mutter sich nicht stur stellen, sondern Probleme gemeinsam besprechen und offen für Problemlösungen und Kompromisse sind.

• Die häufigsten Probleme zwischen Eltern und Tagesmutter

Es gibt Problemstellungen zwischen den Erwachsenen, also zwischen Tagesmutter und Eltern, die für die Tagespflege typisch sind. In dem folgenden Abschnitt möchte ich Sie über die häufigsten Problemstellungen informieren und Ihnen Lösungsmöglichkeiten vorschlagen.

Eifersüchtige Eltern

Ein echtes Problemthema ist die Eifersucht der Mutter. Zur »Einstimmung« ein Ausschnitt aus meinem Gespräch mit langjährigen Tagesmüttern.

Welche Probleme traten während Ihrer langen Berufszeit auf?

»Oft Eifersucht von der abgebenden Mutter. Das hat sich in Aggressionen mir gegenüber geäußert. Man hat mir gesagt,

151

ich würde die Kinder entfremden, und die Mutter wollte mir die Kinder nicht mehr bringen, weil sie lieber zu mir gingen. Da wusste ich mir auch keinen Rat mehr. Dabei stellte die Beziehung zwischen dem Kind und mir gar keine Konkurrenz für die Mutter dar, die Mutter ist immer die Mutter geblieben. Die Kinder haben mich als gute Tante gesehen. Nur dass bei mir eben mehr los war. Das hat die Mutter nicht gesehen. Sie hat gedacht, ich will ihr die Kinder wegnehmen, und ich konnte auch nicht mit ihr darüber reden. Da war dann die Basis kaputt und so nach und nach ist es auseinander gegangen.«

Eifersucht einer Mutter kann mehrere Ursachen haben. Häufig beruht sie auf einem mangelnden Zutrauen der Mutter in ihre Verbindung zu ihrem Kind. Sie befürchtet, ein anderer könnte diese Beziehung zerstören. Diese Angst wiederum wurzelt manchmal in Minderwertigkeitskomplexen der Mutter – sie selbst findet sich irgendwo tief drinnen nicht liebenswert genug, so dass sie glaubt, ein anderer könne sie leicht ausstechen.

Vielleicht hat eine Mutter auch ein schlechtes Gewissen und ist der Überzeugung, dass sie ihre mütterliche Funktion nicht richtig wahrnimmt, wenn sie nicht zu Hause bei den Kindern ist, sondern arbeitet. Folglich ist sie in ihren Augen im Vergleich zu der Tagesmutter eine minderwertige Mutter.

Was tun bei Eifersucht?

Als eifersüchtige Mutter sollten Sie sich immer wieder bewusst machen, dass eine intakte Mutter-Kind-Bindung durch nichts gestört werden kann, auch wenn das Kind in einigen Situationen den Eindruck erweckt, es hätte die Tagesmutter lieber. Freuen Sie sich doch stattdessen, dass es Ihrem Kind bei der Tagesmutter so gut geht! Letztlich ermöglichen Sie ihm diese schöne Zeit, auch wenn es Ihnen manchmal wehtut, nicht immer bei ihm sein zu können.

Machen Sie sich klar, dass Sie keine schlechtere Mutter sind, nur weil Sie sich für einen Teil des Tages von Ihrem Kind trennen. Und Ihre Tagesmutter ist sicherlich keine bessere Mutter, jede von Ihnen beiden ist anders und wird daher auch unterschiedliche Prioritäten setzen. Vielleicht gelingt es Ihnen auch, mit der Tagesmutter über Ihre Probleme zu sprechen. Ein offenes Gespräch kann den meisten Konflikten die Schärfe nehmen.

Die Tagesmutter kann das Problem vorsichtig ansprechen

Wenn es der Mutter nicht von sich aus gelingt, über ihre Eifersucht zu sprechen, sollte die Tagesmutter den ersten Schritt tun. Laden Sie die Mutter auf einen Kaffee ein, setzen Sie sich zusammen und fangen Sie vorsichtig ein Gespräch an:»Hast du momentan Sorgen? Bedrückt dich irgendetwas? Ich habe das Gefühl, du bist in letzter Zeit irgendwie verändert.«

Viele Mütter wären froh, wenn sie mit der Tagesmutter über ihr Problem reden könnten. Aber beiderseitige Scheu, zu intim zu werden, verhindert oft ein Gespräch über Themen wie Eifersucht oder Unsicherheit.

Versuchen Sie nicht, sich vom Kind zu distanzieren

Als Tagesmutter sollten Sie sich auf keinen Fall von Ihrem Tageskind distanzieren, nur damit die Mutter nicht mehr eifersüchtig ist. Sie sollten auch nicht die kleinen Erfolgserlebnisse verschweigen, die Sie als Tagesmutter mit dem Kind haben. Vorsichtig sollten Sie aber mit Äußerungen sein, die am Selbstwertgefühl der Mutter kratzen könnten.

Für mich und auch für andere Mütter aus meinem Bekanntenkreis war es zum Beispiel immer schlimm, wenn wir unserer Tagesmutter Begebenheiten mit den Kindern schil-

derten und dann die Standardantwort bekamen »Bei mir passiert das nie!« oder »So kenne ich deine Kinder gar nicht!«. Mittlerweile habe ich gelernt, dass viele Dinge bei unserer Tagesmutter tatsächlich nicht vorkommen.

Anfänglich taten diese Äußerungen aber sehr weh. Warum streiten sich meine Kinder bei mir, sind aber bei der Tagesmutter die reinsten Engel? Liegt es an meiner Erziehung? Was mache ich nur falsch oder was macht die Tagesmutter besser?

Halten Sie sich als Tagesmutter deshalb mit solchen Aussagen zurück oder liefern Sie auch gleich diese Erklärung dazu: »Zu Hause lassen Kinder alles heraus, ob Unlust, Begeisterung oder Ärger, weil sie sich sicher fühlen können und der Liebe von Mama und Papa gewiss sind.« Wenn Sie das einer Mutter so erklären, können Sie ihr die Sorge nehmen, etwas falsch zu machen.

Hinzu kommt sicherlich, dass sich die Kinder in ihrer häuslichen Umgebung, in ihrem eigenen Nest gehen lassen wollen, können und auch dürfen. Die Eltern sollen ihnen Grenzen setzen, sollen sie lieb haben, sie aufmuntern, ihnen verzeihen. Und diese Grenzen werden immer aufs Neue ausgelotet, verengt oder erweitert. Mit seinen Eltern muss sich ein Kind ein Leben lang auseinander setzen und es will natürlicherweise seine eigenen Bedürfnisse möglichst deutlich vortragen. Das geht in keiner engen Partnerschaft immer harmonisch und ruhig vonstatten.

Eine kurze Selbstreflexion für die Tagesmütter

Eine Tagesmutter sollte sich vielleicht einmal überlegen, ob sie sich nicht doch insgeheim für die Mutter schlechthin hält und die abgebende Mutter ihre vermeintliche Überlegenheit irgendwie spüren lässt. In einer Befragung von Berliner Tagesmüttern begründeten immerhin 70 % die Motivation für ihre Tätigkeit damit, dass ihre Mutterliebe so groß sei, dass sie noch für zusätzliche Kinder ausreichen würde. 27 % gaben an, ihnen täten die armen vernachlässigten Kinder Leid (nachzulesen bei Eveline Gerszonowicz). Daraus spricht schon ein gewisses Überlegenheitsgefühl den berufstätigen Müttern gegenüber.

Ängstlichkeit und Misstrauen aufseiten der Eltern

Als ich für meine Kinder eine Tagesmutter suchte, dachte ich, dass ich durch meine eigene Arbeit und meine Erfahrungen als Tagesmutter genügend auf die neue Situation vorbereitet wäre. Doch als meine Kinder dann regelmäßig zu ihrer Tagesmutter gingen, schlich sich bei mir ein beängstigendes Gefühl ein. War Theresa nicht doch noch ein wenig zu klein, um fremdbetreut zu werden? Ging es den beiden auch wirklich gut? Ob die Kinder wohl miteinander auskamen?

Und so ging ich der Tagesmutter in der Anfangszeit sicherlich mit meinen häufigen Telefonanrufen auf die Nerven. Sie akzeptierte dies aber trotzdem. Und auch heute noch beschleichen mich bei unserem Jüngsten immer wieder diese Gefühle. Unterstützt von einer Umwelt, die nicht verstehen kann oder will, dass ich unseren Jüngsten nach seiner schweren Krankheit zwecks beiderseitiger Abnabelung tageweise zur Tagesmutter bringe. Für viele meiner Mitmenschen bin ich insgeheim oder auch ausgesprochen offen eine Rabenmutter. Zum Glück habe ich rechtzeitig gelernt, mit den Vorurteilen anderer umzugehen.

Völlige Gleichgültigkeit dem Wohlergehen des eigenen Kindes gegenüber ist dagegen natürlich auch nicht positiv zu bewerten und lediglich das andere Extrem. Sicherlich ist es durchaus wichtig und richtig, wenn die Mutter der Tagesmutter und dem Verhalten ihres Kindes gegenüber wachsam und aufmerksam ist.

Es gibt aber auch Mütter, die chronisch ängstlich und misstrauisch sind und die die Tagesmütter immer wieder durch ständiges besorgtes Nachfragen und misstrauisches Beobachten belasten. Irgendwann einmal ist dann der Bogen überspannt. Die Tagesmutter ist das ständige Misstrauen leid und fühlt sich und ihre Leistung nicht mehr anerkannt.

Was tun bei quälender Ängstlichkeit?

Wenn Sie bemerken, dass Sie sich ständig quälende Gedanken darüber machen, ob die Tagesmutter Ihr Kind auch gut behandelt oder ob Sie Ihnen vielleicht doch etwas verschweigt, sollten Sie erst einmal tief durchatmen. Lehnen Sie sich zurück und lassen Sie die vergangenen Tage Revue passieren. War Ihr Kind denn todunglücklich, wenn Sie es abgeholt haben? Hat Ihre Tagesmutter irgendwelche Andeutungen gemacht, dass etwas nicht in Ordnung sein könnte?

Nicht? Dann ist mit Ihrem Kind mit ziemlicher Wahrscheinlichkeit wirklich alles in Ordnung.

Machen Sie noch eine weitere Übung: Schreiben Sie all die positiven Dinge auf, die Sie selbst durch die Tagespflege erfahren und die Ihr Kind in der Tagesfamilie erlebt. Werden Sie sich bewusst, dass Sie durch Ihre Arbeit eine andere Selbstbestätigung erfahren. Möglicherweise entlastet die Tagesmutter Sie auch, damit Sie sich um die Pflege eines Verwandten kümmern können, oder Sie benötigen die Stunden ohne Kind und Arbeit dringend für sich selbst. Denken Sie daran, dass Sie das Kind ja gut auf die Tagespflege vorbereitet haben.

Sollten Sie zu der ganz mutigen Sorte von Frauen gehören, dann reden Sie mit Ihrer Tagesmutter über Ihre Zweifel. Viele Tagesmütter ahnen, dass Mütter von Ängsten und Zweifeln geplagt werden, wagen aber nicht, sie darauf anzusprechen. Dabei kann auch hier ein Gespräch mit der Tagesmutter äußerst hilfreich sein. Und denken Sie auch daran, dass die Tagesmutter sich um Ihren Schützling dieselben Sorgen macht wie Sie.

Als Tagesmutter können Sie einer von Ängsten geplagten Mutter ein wenig helfen, indem Sie ihr gut zureden und ihr ausführlich über das berichten, was ihr Kind bei Ihnen erlebt hat. Machen Sie nicht den Fehler, eventuell beunruhigende Beobachtungen zu verschweigen. Achten Sie aber auch darauf, dass Sie nicht nur die Schattenseiten sehen und dabei all die vielen erfreulichen, lustigen und herzerfrischenden Dinge, die Sie mit dem Kind erleben, vergessen.

Tagesmüttern fallen sogar öfters Dinge auf, die wir gar nicht mehr oder erst sehr viel später bemerken, weil wir an unsere Kinder und ihre Macken so gewöhnt sind. Erst durch den Hinweis anderer Menschen, insbesondere durch unsere Tagesmütter werden uns liebenswerte Ticks oder bedenkliche Eigenarten unserer Kinder ins Bewusstsein gerufen.

Unpünktlichkeit beim Bringen und Abholen

In die privaten Kontakte vieler Menschen hat sich eine Unsitte eingeschlichen: das mehr oder weniger erweiterte »akademische Viertelstündchen«. Es gibt Leute, die bei Verabredungen notorisch unpünktlich sind, diese Schwäche aber für den Bestandteil eines spontanen Lebensstils halten. Wenn ich mich mit jemandem im Café verabrede und warten muss, ist das zwar ärgerlich, aber keine Katastrophe. Schlimmstenfalls stehe ich einfach auf, gehe weg und lasse mich auf keine weitere Verabredung mehr ein – auch wenn ich dann für kleinkariert und penibel gehalten werde. Unpünktlichkeit im Beruf erlaubt sich kaum jemand, hier gilt Pünktlichkeit als selbstverständlich.

Einige schwarze Schafe unter den Müttern und Vätern verhalten sich der Tagesmutter gegenüber leider so, als wäre der vereinbarte Abholtermin eine private Verabredung, bei der man es nicht so genau nehmen muss. Sie verspäten sich mit schöner Regelmäßigkeit und sind auch nach mehreren Gesprächen nicht dazu bereit, sich an die Vereinbarungen zu halten. Viele halten es nicht einmal für nötig, anzurufen und Bescheid zu geben, dass sie sich verspäten.

Am besten wappnet sich eine Tagesmutter gegen ein solches Verhalten, indem sie bereits im Vorgespräch ihre Grenzen absteckt und darauf hinweist, dass sie großen Wert auf Pünktlichkeit legt und auch legen muss. Sie sollte den Eltern erklären, dass sie ihre Arbeit zwar gerne tut, aber auch nicht nur zum Privatvergnügen. Im Unterschied zu anderen Berufstätigen kann sie nicht einfach aufstehen und fortgehen, wenn der verabredete Termin nicht eingehalten wird, und die Kinder einfach sich selbst überlassen. Für sie hört die Arbeit erst auf, wenn Mutter und Kind ihre Wohnung verlassen haben. Die Arbeit einer Tagesmutter ist nicht ihr Hobby. Es handelt sich um eine anspruchsvolle Tätigkeit, die viel Einsatz und Energie von der Tagesmutter fordert – eine Ganztagespflege dauert häufig neun bis zehn Stunden! Eine Tagesmutter braucht ihren Feierabend, um Kräfte für den nächsten Tag zu tanken, abgesehen davon, dass sie ihre Aufmerksamkeit sicher auch einmal nur ihren Kindern widmen will oder Verabredungen für die Zeit nach der Tagespflege treffen möchte.

Auch das Kind leidet unter der Unpünktlichkeit der Eltern

Nicht nur die Tagesmutter, sondern auch die Kinder, die zu spät abgeholt werden, leiden unter der Unpünktlichkeit ihrer Eltern.

Das Zeitgefühl der Kinder meldet sich zur Abholzeit. An den täglichen Orientierungspunkten wie Mittagsschlaf, Kaffeetrinken, Abendbrotessen erkennen sie, dass es nun nicht mehr lange dauern kann, bis sie abgeholt werden. Sie warten dann auf ihre Mutter oder ihren Vater, möchten erzählen, was ihnen während des Tages passiert ist und wieder von der eigenen Mutter in den Arm genommen werden. Und dann kommt sie nicht.

Vielleicht schleichen sich bei den Kindern Zweifel an der Liebe ihrer Eltern ein. Sie fühlen sich abgeschoben und ein wenig verlassen. Alle anderen Tageskinder, die zur selben Uhrzeit abgeholt werden, gehen ja schon mit ihrer Mutter nach Hause, sie aber müssen noch bleiben. Wenn die Mutter nicht einmal angerufen hat, kann die Tagesmutter ihnen auch nicht sagen, wann ihre Mutter kommt, ob es noch lange dauert, ob es sich noch lohnt, ein Spiel anzufangen.

Wenn sich die Mutter häufiger verspätet, wird auch die toleranteste Tagesmutter zu Recht unmutig werden, was das Tageskind natürlich spürt. Es merkt, dass auch sie auf seine Mutter wartet, aber nicht wie es selbst in eher trauriger Stimmung, sondern verärgert. Kommt die Mutter endlich, wird der Abschied kurz und schnell über die Bühne gehen, damit die erwartete Ruhe einkehrt. Unter Umständen fühlt sich das Kind jetzt auch noch von seiner Tagesmutter abgeschoben. Oder die Tagesmutter spricht mit der Mutter wieder einmal über die Verspätung. Passiert dies nicht zum ersten Mal, wird die Tagesmutter ihren Frust über das Thema vom Stapel lassen − auch keine schöne Situation für das Kind.

Noch einmal zusammengefasst: Machen Sie als Tagesmutter bereits im Vorgespräch deutlich, dass Sie Wert auf Pünktlichkeit legen müssen, und erklären Sie, was Unpünktlichkeit für Sie und auch für die Kinder bedeutet. Die Eltern werden dann diesen Punkt sicher verstehen und auch respektieren.

Kooperatives Verhalten der Mutter bei vorhersehbarer Verspätung

Auch wenn die Mutter darauf achtet, den vereinbarten Abholtermin einzuhalten, kann doch einmal etwas Unvorhergesehenes dazwischenkommen. Das wird jede Tagesmutter verstehen. Greifen Sie in diesem Fall zum Telefonhörer und informieren Sie Ihre Tagesmutter über die vermutliche Dauer der Verspätung. Dann kann sie sich darauf einstellen und Ihr Kind auf die Verspätung vorbereiten.

Häufig kann man schon am Mittag oder frühen Nachmittag abschätzen, ob etwa Überstunden angesagt sind. Rufen Sie die Tagesmutter also frühzeitig an. Sind Sie auf öffentliche Verkehrsmittel angewiesen, kann es vorkommen, dass Sie den Bus oder die Bahn verpassen. Für diesen Fall können Sie mit der Tagesmutter vereinbaren: Wenn ich nicht Bescheid gebe, dass ich mich verspäte, habe ich den Bus verpasst und komme mit dem nächsten. So kann die Tagesmutter wenigstens abschätzen, wie lange sich die Tagespflege hinauszögern wird.

Stellt sich nach Vertragsabschluss heraus, dass Sie die Zeit für Ihren Weg zur Tagesmutter zu knapp angesetzt haben, sollten Sie mit der Tagesmutter darüber sprechen und sie fragen, ob die tägliche Betreuungszeit nicht eine halbe Stunde verlängert werden kann – natürlich gegen entsprechende Bezahlung. Die meisten Tagesmütter werden lieber die Betreuungszeit verlängern, als dass sie öfters auf Sie warten müssen.

Wie reagiere ich bei chronischer Unpünktlichkeit?

Es kommt vor, dass Eltern trotz Abmachungen und ausführlicher Erklärungen über die Notwendigkeit der Pünktlichkeit häufig unpünktlich sind. Hier liegt es nahe, dass die Tagesmutter an einen Abbruch der Tagespflege denkt. Im Interesse des Kindes hoffen viele Tagesmütter jedoch, die Eltern doch noch irgendwie zur Pünktlichkeit bekehren zu können. Diese Hoffnung kann jedoch trügen, und das Kind hält sich noch länger in einem Umfeld auf, in dem Spannungen an der Tagesordnung sind. Überlegen Sie in diesem Fall, wie Sie die Chancen für eine Verbesserung der Situation einschätzen. Probieren Sie folgende Möglichkeiten: Verlangen Sie von der Mutter, dass sie Ihnen die Überstunden zahlt. Tagesmütter verlangen für Überstunden häufig einen Stundensatz, der sich an der ortsüblichen Bezahlung eines Babysitters orientiert. Überstundenregelung und Bezahlung sollten deshalb am besten immer vertraglich geregelt werden.

Oder Sie behelfen sich mit einem Trick, der der Mutter ihr eigenes Verhalten vor Augen führt. Sagen Sie ihr, dass Sie an dem betreffenden Tag nach der Tagespflege noch einen Termin haben und dass Sie ihr Kind mitnehmen, wenn sie sich verspätet. Das müssen Sie ganz konsequent über längere Zeit hinweg durchführen. Kündigen Sie immer an, wenn Sie nach der Tagespflege noch etwas vorhaben. Steht die Mutter ein- bis zweimal vergeblich vor ihrer Tür, wird sie sich in Zukunft vermutlich an Absprachen halten.

Führen alle Gespräche und auch andere Maßnahmen nicht zum Erfolg, sollten Sie sich nicht scheuen, eine Fachkraft des Jugendamtes einzuschalten. Manchmal hilft es, wenn eine fachliche »Autorität« der Mutter ein wenig ins Gewissen redet.

Tritt daraufhin immer noch keine Besserung ein, sollten Sie sich überlegen, die Tagespflege abzubrechen. Teilen Sie dies der Mutter mit und setzen Sie ihr eine Frist. Verspätet sie sich innerhalb dieses Zeitraums weiterhin, muss sie sich eine neue Tagesmutter suchen. Vergessen Sie aber dem Kind zuliebe nicht, dass es eine angemessene Entwöhnungszeit bekommt.

Einen Fehler sollten Sie als Tagesmutter nicht machen: Nach dem Gesetz »Auge um Auge, Zahn um Zahn« handeln, indem Sie mit den Kindern über die Tagespflegezeit hinaus außer Haus bleiben. Sie müssen zu den vertraglich vereinbarten Abholzeiten für die Mutter erreichbar bleiben!

Unzuverlässigkeit bei Ausstattung und Bezahlung

Ein weiterer Konflikt zwischen Tagesmutter und Mutter kann dadurch entstehen, dass sich die Mutter nicht an bestimmte Absprachen hält. So stehen vielleicht Windeln und Gläschenkost nicht rechtzeitig zur Verfügung oder das Kind hat keine frische Kleidung zum Wechseln dabei. Vielleicht ist es auch nicht den Witterungsverhältnissen gemäß angezogen, so dass die Tagesmutter mit den Kindern nicht spazieren gehen kann, oder das Kind hat kein eigenes Geld bei Ausflügen dabei.

Bei der Tagesmutter wird sich dann des öfteren das Gefühl einschleichen, dass ihr die gesamte Verantwortung für die Organisation überlassen wird, nach dem Motto: Die Tagesmutter wird's schon richten.

Diese Nachlässigkeiten werden zwar nicht gleich ein Grund zum Abbruch der Tagespflege sein, sofern sonst alles stimmt, aber lästig ist es auf Dauer schon, wenn die Tagesmutter der Mutter wegen jeder Kleinigkeit hinterherrennen muss. Irgendwann wird sie diesen Frust dann auch loswerden wollen, und das führt zu Auseinandersetzungen.

Eine gute Vorsichtsmaßnahme für den Fall, dass die Mutter vergisst, dem Kind Geld mitzugeben, ist eine kleine Kasse, in der sie zu Beginn der Tagespflege 10,- oder 20,- DM für kleine Ausgaben hinterlegt. Ist dieses Geld aufgebraucht, erfolgt eine neue Einlage. Wenn Sie genügend Platz haben, können Sie sich auch eine Kleiderkiste zulegen, in der Sie Ersatzkleidung aufbewahren.

Das liebe Geld

Bezahlen die Eltern die Tagesmutter aus eigener Tasche, sollte dieses Geld pünktlich am Monatsbeginn auf dem Konto oder in der Wohnung der Tagesmutter eintreffen. Leider kommt es gerade bei dem Thema Geld oft zu ernsthaften Streitigkeiten, die schließlich zu einem Abbruch der Tagespflege führen:

Manche Eltern wollen partout nicht einsehen, dass sie ihr Gehalt erst am Ende des Monats bekommen, die Tagesmutter aber im Voraus. Das hat aber einen guten Grund, den eine Tagesmutter unmutigen Eltern auch darlegen sollte. Die Tagesmutter müsste ohne die Zahlung am Monatsbeginn das Geld für Essen, Strom und Wasserverbrauch vorschießen. Sie muss, genau wie die Eltern, für ihre Wohnung Vorauszahlungen leisten, mit dem Unterschied, dass die Wohnung ihr Arbeitsplatz ist.

Wenn Sie eine Tagesmutter nur zeitweilig in Anspruch nehmen, zum Beispiel nur einen oder zwei Vormittage in der Woche, oder Ihr Kind nur unregelmäßig zur Tagesmutter geht, sollten Sie die Tagesmutter sofort bezahlen oder mit ihr eine wöchentliche Zahlungsweise vereinbaren.

Leider passiert es immer wieder, dass sich die Eltern die Zahlung des Honorars nicht quittieren lassen. Und plötzlich möchte die Tagesmutter ihr Geld haben, die Eltern sind aber der Überzeugung, die Monatszahlung schon geleistet zu haben. Eine Klärung ist unmöglich, wenn sich eine Zahlung oder auch eine nicht geleistete Zahlung nicht mehr nachweisen lässt, da sich jeder im Recht fühlt. Das führt immer zu Streit und endet nicht selten mit dem Abbruch der Tagespflege, weil sich einer der Partner hintergangen fühlt. Stellen Sie deshalb immer Quittungen für geleistete Zahlungen aus, solange kein Dauerauftrag durch die Bank vorliegt.

Es gibt auch Eltern, die die Bezahlung der Tagesmütter in der Reihe ihrer finanziellen Verpflichtungen an letzte Stelle setzen, nach dem Motto: Und habe ich heute kein Geld, dann zahle ich eben morgen. Dieses Morgen verschiebt sich dann um eine Woche oder noch länger. Ich glaube nicht, dass dieses Problem typisch für die Tagespflege ist – es gibt einfach

Leute, die bei Geld sehr nachlässig sind. Man kann es leider niemandem ansehen, ob er zu der unkorrekten Sorte gehört oder ob er zuverlässig ist. Die einzige Handhabe, die Sie haben, ist, bei mehrfacher Unpünktlichkeit massiv Druck auszuüben und mit dem Abbruch der Tagespflege zu drohen, falls das Geld nicht in Zukunft pünktlich eintrifft.

Einige Eltern kommen mit ihren Zahlungen an die Tagesmutter nicht aus Unwilligkeit oder Nachlässigkeit in Verzug, sondern weil sie so knapp bei Kasse sind. Eine unvorhergesehene zusätzliche Sonderausgabe hat ihr Monatsbudget vollkommen ausgeschöpft, so dass das Geld für die Tagesmutter einfach nicht mehr da ist.

Als Eltern sollten Sie der Tagesmutter in diesem Fall erklären, dass Sie in einer finanziellen Misere stecken. So können Sie zusammen einen Ausweg finden, beispielsweise indem Sie den Betrag einen Monat später zahlen, oder, falls dies nicht möglich ist, ihn als zusätzliche »Ratenzahlung« auf mehrere Monate aufteilen. Solange dies kein Dauerzustand ist, lassen viele Tagesmütter mit sich reden.

Ich bin der Meinung, dass Unregelmäßigkeiten in der Bezahlung der Tagesmutter eine vermeidbare Ursache für einen Konflikt darstellt. Grundsätzlich meine ich, dass chronische Zuspätkommer und Nichtzahler keine geeigneten Partner sind. Nach einer gewissen Schonfrist sollte die Tagesmutter den Vertrag lösen, auch wenn sie das Kind gern hat und ihm eigentlich diesen Abbruch ersparen möchte.

Wenn die Tagesmutter die Kontrolle verliert

Auch wenn eine Tagesmutter generell gut und umsichtig mit den Kindern umgeht, kann es gerade in Situationen, in denen ein Tageskind ihr eigenes Kind tritt oder schlägt, vorkommen, dass sie die Beherrschung verliert. Natürlich können

auch andere Situationen eine unkontrollierte Reaktion bei der Tagesmutter auslösen. Ich weiß, dass viele Mütter vor sich selbst erschrecken, wenn sie die Kontrolle verlieren. Sie erschrecken vor ihrer eigenen unkontrollierten Aggressivität. »Mir zitterten die Knie, so erschrocken war ich. Warum hatte ich mich nur dazu hinreißen lassen? Der Kleine weinte heftig und schaute mich dabei vorwurfsvoll an, so als wollte er sagen, wie ich ihm das habe antun können. Ich habe mich dann auf den Boden gesetzt und meine weinende Tochter und den weinenden Kleinen zusammen auf den Schoß genommen. Nachdem ich alle beruhigt hatte, sprach ich mit dem mittlerweile reuigen Sünder noch einmal darüber, weshalb ich ihn geschlagen hatte. Dass weder seine Tat noch meine in Ordnung war. Trotzdem zuckte er eine Zeit lang immer noch zusammen, wenn ich mit ihm schimpfte. Unser Verhältnis ist bis heute nie wieder so innig geworden, wie es einmal war.«

Einen Ausrutscher kann man wieder gutmachen. Nehmen Sie das Kind in den Arm, trösten Sie es. Erklären Sie ihm aber, dass es an diesem Verhalten nicht unschuldig ist. Sagen Sie ihm auch, dass Sie selbst entsetzt darüber sind, dass Sie ihm wehgetan haben und dass dies ein einmaliger Ausrutscher war.

Es ist wichtig, dass die Tagesmutter offen ihren Fehler bei den Eltern zugibt und auch erklärt, was ihre plötzliche Aggression ausgelöst hat. Als Eltern sollten Sie nicht gleich ausflippen, sondern Ihre Tagesmutter ruhig anhören. Erzählt Ihnen Ihr Kind zu Hause von der Handgreiflichkeit, hören Sie ihm zu. Reden Sie aber nicht schlecht von der Tagesmutter, sondern erläutern auch Sie Ihrem Kind noch einmal die Situation, die zu der Gewalt geführt hat. Nehmen Sie die Aussage Ihres Kindes ernst und sagen Sie ihm, dass dies nicht noch einmal vorkommt.

Die Reaktionen der Kinder sind unterschiedlich: Manche sprechen noch längere Zeit über den Vorfall, andere wollen gar nicht mehr zur Tagesmutter gehen und wieder andere haben den Vorfall schnell vergessen.

Wann sollte die Tagesmutter gewechselt werden?

Wenn Ihr Kind zwar über den Vorfall spricht, ansonsten aber gerne zu seiner Tagesmutter geht, sollten Sie das Verhältnis nicht abbrechen.

Manche Kinder brauchen ein bis zwei Tage, um über den Vorfall hinwegzukommen, und wollen sich zu Hause ihre »Wunde lecken«. Möchte Ihr Kind danach von selbst wieder zu seiner Tagesmutter gehen, ist dies ein Zeichen dafür, dass der Vertrauensbruch nicht zu gravierend ist.

Sträubt sich Ihr Kind dagegen, wieder zur Tagesmutter zu gehen, und redet es viel über den Vorfall, sollten Sie die Tagespflege langsam beenden und eine neue Tagesmutter suchen.

Sollte es nicht das erste Mal gewesen sein, dass die Tagesmutter Ihr Kind geschlagen hat, brechen Sie das Verhältnis sofort ab. Der Schaden, der durch Schläge entsteht, ist größer als der eines schnellen Abbruchs.

Eltern und Tagesmütter, die ihre Kinder schlagen – handelt es sich dabei um den kleinen Klaps auf den Po oder um massivere Gewaltanwendung –, sollten sich Folgendes vor Augen halten: Aus einem kleinen Ausrutscher werden bei häufigerer Anwendung immer stärkere Schläge. Und je häufiger die körperliche Gewalt angewendet wird, desto mehr wird das Kind die Eltern oder die Tagesmutter provozieren. Das Kind wird die Meinung entwickeln, dass nichts Gutes in ihm stecken kann. Als Folge fordert es die Erwachsenen richtiggehend heraus und wird in unseren Augen schließlich zu einem »Problemkind«, das wir uns aber selbst herangezogen haben.

Eltern und Tagesmutter haben die Aufgabe, dafür zu sorgen, dass dem Kind keinerlei Schaden zugefügt wird. Deswegen sollten Eltern wie Tagesmütter, sollten sie den begründeten Verdacht von schwerer körperlicher Misshandlung haben, dies beim zuständigen Jugendamt sofort melden. Unsere Kinder können sich nicht schützen, deshalb müssen wir dafür Sorge tragen, dass Gewalt angezeigt wird.

• Probleme aufseiten der Kinder

Innerhalb der Tagespflege wird die Tagesmutter durch die Kinder – sowohl durch ihre eigenen als auch durch die Tageskinder – oft mit für sie neuen, schwierigen Situationen konfrontiert. Manchmal hat das Tageskind einen unerklärlichen Kummer oder Schwierigkeiten mit sich selbst, in einigen Fällen auch mit den Kindern der Tagesmutter.

Diese Probleme zu erkennen und mit ihnen umzugehen erfordert viel Geduld und Feingefühl von der Tagesmutter.

Heimweh

Fast alle Kinder haben irgendwann Heimweh: Es schleicht auf leisen Sohlen daher, um dann blitzschnell das Tageskind zu überfallen. Heimweh kann durch verschiedene Situationen ausgelöst werden. Ihnen allen ist gemeinsam, dass sie in dem Kind den starken Wunsch wecken, dass die Mutter da wäre, um es zu beschützen, zu trösten und liebevoll zu umhegen.

Der Auslöser kann zum Beispiel eine Auseinandersetzung mit einem anderen Kind sein, bei der das Tageskind Schutz und Geborgenheit der eigenen Mutter sucht. Es kann auch sein, dass es sich von der Tagesmutter ungerecht behandelt und zurückgesetzt fühlt, weil sie sich nach seinem Empfinden zu sehr mit ihren eigenen Kindern beschäftigt. Auch eine Verletzung, eine herannahende Krankheit oder einfach ein schlechter Tag können Auslöser für Heimweh sein.

Heimweh hat verschiedene Gesichter

Heimweh heißt nicht, dass das Tageskind immer lauthals nach seiner Mutter weint. Manche Kinder verkrümeln sich in eine Ecke oder stehen lustlos in der Gegend herum, manche hängen den ganzen Tag ohne erkennbaren Grund am Rockzipfel der Tagesmutter. Manchmal kann aber auch die verstärkte Aggressivität der Tagesmutter ihm oder den anderen Kindern gegenüber ein Zeichen dafür sein, dass dem Tageskind seine Mutter fehlt. Am einfachsten zu erkennen ist das Heimweh für die Tagesmutter, wenn das Tageskind nach seiner Mutter weint.

Versteckte Heimwehanfälle

Die versteckten Heimwehanfälle sind schon schwerer zu lokalisieren. Manchmal bleiben sie sogar völlig unerkannt.

Grundsätzlich gilt: Sie sollten bei starken Wesensveränderungen des Kindes nach der Ursache forschen. Vergegenwärtigen Sie sich dabei erst einmal die letzten Stunden: Hatten die Kinder Streit miteinander? Gab es irgendeinen Vorfall, der das Kind belasten könnte? Wenn dies der Fall sein sollte, sind Sie wahrscheinlich auf der richtigen Spur. Ihr Tageskind konnte die Situation nicht richtig in den Griff bekommen und braucht nun Ihre Hilfe.

Trifft keine dieser Möglichkeiten zu, sollten Sie Ihr Tageskind weiter beobachten und in der Ursachenforschung noch weiter zurückgehen: Hat sich Ihr Tageskind diesen Morgen nur schwer von der Mutter lösen können? Hat Ihnen die Mutter erzählt, dass es eine schlechte Nacht hatte? Mochte es nicht essen? Hat es einen leicht warmen Kopf? Könnte ein neuer Zahn hervorbrechen? Auch hier braucht das Tageskind Ihre Unterstützung.

Die richtige Hilfe

Ein Patentrezept gegen Heimweh gibt es nicht, aber Sie dürfen das Heimweh auf keinen Fall unterdrücken. Es ist ein seelischer Zustand, der für viele Tageskinder neu ist und den sie ausleben können müssen.

Fing das Heimweh schon am Morgen an, dann braucht das Kind den restlichen Tag über Ihre besondere Aufmerksamkeit. Es fühlt sich von seiner Mutter verlassen und möchte nun die Bestätigung bekommen, dass es sich bei Ihnen gut aufgehoben fühlen darf. Hier ist auch intensiver körperlicher Kontakt und viel Ablenkung vonseiten der Tagesmutter erforderlich.

Wenn Tränen fließen, dann lassen Sie sie fließen. Dadurch merkt das Kind, dass es sich seines Heimwehs nicht schämen muss. Es kann seinen Zustand leichter verarbeiten und wird ihn auch bei einem späteren Anflug nicht unterdrücken. Das ist ganz wichtig! Wenn das Kind erst einmal das Gefühl hat,

dass Heimweh nicht erwünscht ist, fängt es an, sich zurück-
zuziehen und baut eine Mauer um sich herum auf.

Viele Tagesmütter versuchen es mit Ablenkungsmanövern,
indem sie sich intensiv mit dem Kind beschäftigen, mit ihm
spielen, ihm etwas vorlesen oder es im Haushalt mithelfen
lassen. Von einer beginnenden Krankheit oder einem durch-
brechenden Zahn kann allerdings nichts ablenken. Hier
braucht das Tageskind einfach viel Aufmerksamkeit vonseiten der Tagesmutter und Ruhe vor den anderen Kindern,
Streicheleinheiten für die Seele, ein leichtes Essen, einen Tee.
Erklären Sie dem Kind, dass seine Mutter noch arbeiten muss,
dass sie aber später auf jeden Fall kommt und es mit nach
Hause nimmt.

Wenn Sie sich nicht ganz sicher sind, ob eine körperliche
Ursache der Grund für das Heimweh ist, informieren Sie
die Mutter. Rufen Sie sie an, fragen Sie nach, ob ihr
vielleicht schon etwas aufgefallen ist. Zusammen können
Sie besondere Maßnahmen zur Ursachenbeseitigung überlegen.

Schlechte Tage kommen auch bei Kindern immer wieder
vor. Da hilft nur viel Geduld, ein ausreichend großes Re-
pertoire an Spielen und ein starkes Nervenkostüm. Denn
nicht selten haben mehrere Kinder gleichzeitig schlechte
Laune oder lassen sich von der schlechten Laune eines
Kindes anstecken. Manchmal helfen hier kleine Schmankerl,
die ansonsten nicht erlaubt sind oder die etwas Besonderes
darstellen: ein Bonbon; auf dem Ehebett eine Kissenschlacht
veranstalten; die Fingermalfarben herausholen; das Fastfood-
essen aus der Tiefkühltruhe. Und: auf alle Fälle viel Bewe-
gung, um die schlechte Laune zu vertreiben. Das heißt auch
bei schlechtem Wetter hinaus, durch die Pfützen laufen und
zu Hause dann in die heiße Badewanne. Das ist immer noch
besser, als vier bis acht Stunden lang quengelnde Kinder um
sich zu haben!

Streit unter den Kindern

Ob die Kinder Einzelkinder sind oder ob sie Geschwister haben, Streit kommt immer wieder vor. Gerade bei kleineren Kindern bis zu einem Alter von etwa zwei Jahren ist Streit um das Spielzeug die Regel. Das liegt daran, dass sich die Kinder in diesem Alter noch nicht über einen längeren Zeitraum mit einem Spielzeug beschäftigen können. Nach einer Weile wird das Spielzeug eines anderen Kindes einfach viel interessanter.

Streit muss sein

Das aufgebrachte Gebrüll, wenn Kinder um ein Spielzeug ringen, kennt jede Tagesmutter nur zu gut – auch das Bedürfnis einzugreifen, damit wieder Ruhe einkehrt. Zu frühes Eingreifen aber hindert die Kinder in ihrer Entwicklung. Durch das Streiten lernen sie, Konflikte miteinander auszutragen. Sie erfahren, dass einer mal der Unterlegene, mal der Überlegene ist, wie man Kompromisse schließt und dass man sich am Ende eines Streits wieder vertragen kann.

Greifen sie zu schnell in einen Streit ein, lernen die Kinder nur, dass sie im Notfall die Hilfe von außen bekommen. Sie beschneiden sie aber damit in der Erfahrung, dass ein Streit etwas ganz Natürliches und nichts Bedrohliches ist und dass man Probleme selbst lösen kann.

Barthold Strätling gibt bei Streitigkeiten unter Kindern den folgenden Rat:»Halte dich raus, wenn Kinder sich streiten. Kinder sind Herr ihres Streits und bestimmen selbst, was geschieht. Erwachsene sollten nur dann eingreifen, wenn ein größeres und überlegenes Kind den Kontrahenten überwältigt oder wenn rohe Gewalt angewendet wird oder eines der Kinder verletzt werden könnte.« Bei kleinen Kindern müssen Sie jedoch nach einer gewissen Zeitspanne vermittelnd eingreifen und die Kinder wieder zusammenführen, da sie noch nicht gelernt haben, sich wieder zu versöhnen. Am besten glätten Sie die Wogen, indem Sie sich dazusetzen und mit beiden Kindern spielen.

Vorsicht ist dann geboten, wenn ein Kind einem anderen ständig unterlegen ist. Dann müssen Sie dem überlegenen Streitpartner das Teilen zeigen und ihn immer wieder dazu anhalten. Zeigen Sie ihm, wie schön es ist, anderen etwas abzugeben, und wie sehr Sie sich darüber freuen, wenn er sein Spielzeug mit den anderen Kindern teilt.

Streitigkeiten zwischen kleineren und größeren Kindern

Schwierig wird es, wenn die kleineren Kinder vom Spiel der größeren ausgeschlossen werden. Die Angst aufseiten der größeren, dass etwas mühevoll Erbautes von einem kleinen Wicht zerstört wird oder dass die Kleinen die Spielanweisungen nicht einhalten können, ist nur zu verständlich. Sie können ausgleichen, indem Sie den Kindern Spiele anbieten, bei denen alle mitspielen können: Spiele mit Stofftieren und Puppen, Tänze und Lieder, ein Buch zur gemeinsamen Betrachtung.

Als Erwachsener neigt man dazu, die Nesthäkchen zu beschützen und den Größeren immer wieder zu sagen:»Nun lass sie oder ihn doch mitspielen.« Die Großen möchten keinen Streit vom Zaun brechen und fügen sich zähneknirschend der Bitte. Die Wut staut sich an, wenn etwas kaputt geht, der Erwachsene die Kleinen aber immer wieder in Schutz nimmt. Und diese lernen auch nicht, einmal zurückzustecken, sondern werden wie Kronprinzen behandelt. Und bei den Größeren wird sich die angestaute Wut irgendwann in einem unkontrollierten Wutausbruch äußern, der auch mit Gewalttätigkeit verbunden sein kann.

Schaffen Sie den Großen immer wieder den Freiraum, altersgemäße Spiele ohne die kleinen Störenfriede zu spielen.

Manchmal kristallisiert sich während der Tagespflege heraus, dass ein Spielzeug höchst beliebt ist und sich die Kinder häufig darum streiten. Legen Sie sich in diesem Fall noch ein zweites Spiel der gleichen Sorte zu, dadurch vermeiden Sie einen Dauerstreit, und Ihre Nerven werden es Ihnen danken. Es kommt aber auch vor, dass, sobald das zweite Spielzeug da ist, beide plötzlich völlig uninteressant werden.

Helfen Sie Ihrem Kind, seinen Raum zu schützen

Es gibt immer wieder Bereiche, die das Kind der Tagesmutter vor den anderen schützen möchte, und das steht ihm auch zu. Genauso wie Geschwister Spielsachen haben, die der andere nicht in die Hand nehmen darf, sollten das eigene Kind und das Tageskind eine Ecke haben, in die der andere nicht eindringen darf oder nur mit vorheriger Erlaubnis. Normalerweise wird das »Betreten verboten« von den Tageskindern akzeptiert. Sollte dies nicht der Fall sein, müssen die Spielsachen, die nicht für die Tageskinder bestimmt sind, weggeschlossen und erst am Ende des Tages wieder hervorgeholt werden.

»Eines unserer Tageskinder hat Ulrichs altes Reich, ein Hochbett, geerbt. Dort dürfen alle Kinder nur mit Erlaubnis dieses Tageskindes hinauf. Genauso dürfen die Tageskinder in das Reich unseres Großen nur mit seiner Erlaubnis. Diese Regelung wird von allen Kindern akzeptiert«, so die Worte einer Tagesmutter.

Eine andere Situation, die mit dem Teilen-Können zu tun hat, bringt viele Tagesmütter arg ins Schwitzen: Eines der anwesenden Kinder möchte die Tagesmutter nicht mit den anderen Kindern teilen, sei dies das Kind der Tagesmutter oder eines der Tageskinder. Häufig wird das Bedürfnis nach ungeteilter Aufmerksamkeit aber gar nicht geäußert, sondern in einen Streit verpackt: Das Kind fängt aus einem scheinbar unerfindlichen Grund an zu streiten – es nimmt beispielsweise vor den Augen der Tagesmutter einem anderen das Spielzeug weg, stört die anderen Kinder im Spiel oder wird gewalttätig.

Zwei Lösungsmöglichkeiten bieten hier erfahrene Tagesmütter an:

• »Versuchen Sie, alle Kinder auf den Schoß zu nehmen oder sich mit allen Kindern zu beschäftigen, so dass sich keines zurückgesetzt oder bevorzugt fühlt.«

• »Wenn die Situation es erlaubt, widmen Sie sich intensiv dem eifersüchtigen Kind und schenken Sie ihm für eine gewisse Zeit Ihre volle Aufmerksamkeit. Manchmal reichen schon fünf Minuten aus, um ein unzufriedenes Kind zu beruhigen. Zeigen Sie ihm danach aber, dass Sie nicht nur für seine Bedürfnisse da sind, sondern dass alle anwesenden Kinder ein Recht auf Zuwendung und auf Befriedigung ihrer Bedürfnisse haben. Beziehen Sie danach also wieder alle Kinder in Ihre Aufmerksamkeit ein. Auf diese Weise lernt das eifersüchtige Kind nach und nach, Sie während der Zeit der Tagespflege mit den anderen Kindern zu teilen.«

Es gibt kein Patentrezept
für die Schlichtung eines Streits

Generell sollten Sie sich beim Schlichten eines Streites oder bei Eifersuchtsanfällen auf Ihre Intuition verlassen. Die oben genannten Vorschläge lassen sich nicht auf jede Situation und nicht auf jedes Kind anwenden. Sie müssen selbst entdecken und entscheiden, welche Maßnahmen angebracht sind. Manchmal müssen Sie schimpfen, manchmal trösten, manchmal die Kinder auch sich selber überlassen.

Sie sollten also darauf achten, dass Sie nicht schematisch vorgehen, indem Sie zum Beispiel bei einem Streit immer alle Kinder bestrafen oder indem Sie Ihrer Neigung nachgeben, nur die kleineren Kinder zu beschützen. Dazu neigen viele Mütter.

Als Tagesmutter müssen Sie Ihr Verhalten immer wieder aufs Neue überprüfen und sich fragen, wieso Sie auf eine bestimmte Weise in einer bestimmten Situation reagiert haben und ob Ihr Handeln sinnvoll war oder ob es auch noch andere Möglichkeiten gegeben hätte.

Das gilt selbstverständlich nicht nur für Tagesmütter. Alle Mütter und Väter sollten ihr Handeln immer wieder einmal kritisch unter die Lupe nehmen. Für Tagesmütter gilt dies während der Tagespflege aber ganz besonders. Jeder Mensch neigt schon rein instinktiv dazu, die eigenen Kinder zu bevorzugen, wobei die Bevorzugung bei manchen Menschen nicht gleich zu erkennen ist, da sie die eigenen Kinder mehr als die anderen fordern und sie zu ihnen strenger sind als zu anderen Kindern.

Denken Sie daran, dass es nie darum geht, wer der Schuldige ist. Kinder sind nicht »schuldig«. Sie versuchen, sich mit ihren Möglichkeiten durchzusetzen. Nur bei ganz genauer Beobachtung kann man den Hergang eines Streits richtig verstehen. Kommt man später hinzu, lässt sich gar nichts mehr sagen. Auch wenn man seine Pappenheimer zu kennen glaubt, die konkrete Situation kann ganz anders verlaufen sein, als man denkt.

Dazu noch einmal Bartold Strätling: »Versuche nie, den Schuldigen zu finden, der angefangen hat. Feststellen lässt sich nämlich nur, wer als erster bestimmte Grenzen überschritten hat, zum Beispiel, wer zuschlug. Was aber vorher gelaufen ist, wird kaum herauszufinden sein.«

Welchen Problemen oder Schwierigkeiten Sie sich im Alltag mit den Kindern – ob als Eltern oder als Tagesmutter – auch gegenübergestellt sehen, seien Sie sich bitte darüber im Klaren, dass letztlich immer die Kinder den falschen Umgang mit Problemen auszubaden haben. Probieren Sie deshalb erst alle Möglichkeiten aus, einen Konflikt oder ein Problem harmonisch zu lösen, und nehmen Sie nicht gleich eine hartnäckige Angriffs- oder Abwehrhaltung ein.

Kosten

• Mit welchem Einkommen kann eine Tagesmutter rechnen?

Krippen-, Kindergarten- und Hortplätze sind nicht billig. Je nachdem, ob man auf dem Land oder in der Großstadt wohnt, welche Zuschüsse die Städte oder Gemeinden den öffentlichen Einrichtungen gewähren, die Sätze für einen Betreuungsplatz differieren enorm. Es gibt Eltern, die zahlen bis zu 400,- Euro pro Monat an die Einrichtung.

Aber auch die Betreuung von Kindern bei einer Tagesmutter ist nicht ganz billig. Zwar kann man unter bestimmten Voraussetzungen Beihilfe vom Jugendamt bekommen (siehe hierzu auch Seite 186 ff.). Es übernimmt jedoch meistens nicht den vollen Pflegesatz.

Achtung Scheinselbständigkeit

Freiberuflich arbeitende Tagesmütter wissen häufig nicht, dass sie sich am Rande der Illegalität bewegen. Betreut eine Tagesmutter nur ein Kind oder ein Geschwisterpaar, hat sie nur *einen* Auftraggeber. Nach neuen gesetzlichen Regelungen ist jedoch scheinselbständig, wer als freiberuflich Tätiger nur einen Auftraggeber hat. Fakt ist: Kommt diese Tatsache heraus, werden Nachzahlungen an die BfA und Krankenkassen fällig, die leicht einige tausend Euro ausmachen können. Dies kann auch der Fall sein, wenn Ihnen von anderer Seite anderes zugesichert worden ist, etwa von Ihrem Jungendamtbetreuer. Erkundigen Sie sich auf jeden Fall bei der BfA, welche Regelungen auf Sie zutreffen, bevor Sie irgendwann hohe Nachzahlungen leisten müssen!

Sobald Sie jedoch zwei Kinder von verschiedenen Eltern betreuen, haben Sie zwei Auftraggeber und brauchen sich als freiberuflich arbeitende Tagesmutter keinerlei Sorgen zu machen.

Freiberuflich arbeitende Tagesmütter

Der Mindeststundenlohn sollte nicht unterhalb des Stundensatzes liegen, den Ihr örtliches Jugendamt zahlt. Dieser liegt zur Zeit zwischen 2,- bis 4,- Euro. In der monatlichen Pauschale, die die Eltern am Anfang des Monats zahlen sollten, sind Mahlzeiten, Benutzung der Wohnung (Mehrkosten an Strom, Wasser, Gas etc.) enthalten sowie die Entlohnung für Erziehung und Förderung des Kindes. Ausflüge, wie ein Zoobesuch, besondere Ernährung o.Ä. müssen gesondert gezahlt werden.

Auf Grund neuer gesetzlicher Regelungen sollten Eltern und Tagesmutter sich überlegen, ein festes Arbeitsverhältnis zustande kommen zu lassen. Das neu verabschiedete Niedriglohngesetz vereinfacht eine Festanstellung der Tagesmutter ungemein und hilft beiden Seiten, sich besser abzusichern und Vorteile zu nutzen.

Für die Eltern

Arbeitet eine Tagesmutter für Sie in einem festen Arbeitsverhältnis, können Sie diese Ausgaben in Ihrer Steuererklärung angeben und absetzen. Setzen Sie sich bitte mit Ihrem örtlichen Finanzamt oder Ihrem Steuerberater in Verbindung, denn unser Steuersystem erscheint zur Zeit sehr kurzlebig.

Verdient eine Tagesmutter nicht mehr als 800,- Euro monatlich, was eher unwahrscheinlich ist, können Sie das Niedriglohngesetz für sich und Ihre Tagesmutter anwenden. Es hat zum einen die Sozialabgaben verringert, zum anderen die Zahlung dieser sehr vereinfacht. Sie zahlen die Sozialabgaben pauschal an eine speziell hierfür eingerichtete Stelle, die dieses Geld dann an die verschiedenen Institutionen wie Krankenkasse, Rentenamt und Finanzamt verteilt.

Das Niedriglohngesetz an dieser Stelle genau aufzuschlüsseln, würde den Rahmen des Buches sprengen. Auskünfte erteilen die örtlichen Steuerberater, das Finanzamt und die BfA.

Der Vertrag sollte auf der Grundlage unseres »Rahmenvertrages« beruhen. Zusätzlich enthalten sollte er auf jeden Fall, wie Krankheitstage der Tagesmutter überbrückt werden, wann der jährliche Urlaub der Tagesmutter und der Eltern feststehen muss (z.b. Stichtag 31.01. des Jahres), damit sich beide Seiten voll darauf verlassen können, und in welchem Umfang und mit welchen Zuschlägen Überstunden vergütet werden. Wie sich die monatliche Vergütung errechnet, lesen Sie bitte auf Seite 182.

Vorteile für die Tagesmutter

*   Durch die Festanstellung ist die Tagesmutter voll sozialversichert.
*   Urlaubs- und Krankheitstage werden bezahlt.
*   Sie können sich nach Beendigung der Tagespflege beim Arbeitsamt melden. Wundern Sie sich aber bitte nicht über die überraschten Augen, die man dort machen wird.

Beide Seiten, Tagesmutter und Eltern, sollten sich gemeinsam beraten lassen, welche Varianten im Niedriglohngesetz für sie die günstigsten sind.

Zu diesen Themen möchte ich Ihnen noch einmal den Tagesmütter-Bundesverband ans Herz legen, der auch im Internet unter www.tagesmuetter-bundesverband.de Informationen zur Verfügung stellt.

Um den Kindern immer wieder neues Spielzeug anbieten zu können, sollten Sie versuchen, abgelegtes, nicht mehr dem Alter Ihrer Tageskinder entsprechendes Spielzeug auf Second-Hand-Basaren zu verkaufen und dort auch wieder günstig Neues einzukaufen. Da kann sich eine längere Fahrt auch außerhalb der Großstädte sehr lohnen. Schauen sie auch immer wieder in Second-Hand-Läden vor Ort, ob Sie etwas Passendes finden. Billiger als ein Neukauf ist das Spielzeug hier allemal.

Was die Kosten der Tagespflege angeht, konnte ich von Frau Thomas, Tagesmutter und Beraterin des Familienbüros in München, einige interessante Dinge erfahren.

»Die Mütter haben selten Vorstellungen über das Finanzielle in der Tagespflege. Da muss man sich als Tagesmutter genau Gedanken machen. Was wollen sie haben? Was ist angemessen? Was soll von den Eltern bezahlt werden, zahlen sie zum Beispiel auch den Urlaub? Da haben die Eltern kaum eine Vorstellung. Das ist gefährlich, denn hier könnten die Tagesmütter die Mütter leicht ausnutzen, sie über den Tisch ziehen. Denn die Mütter sind oft in der Situation, dass sie ihr Kind abgeben müssen. Als Tagesmutter und als Mutter sollte man sich in jedem Fall beim Jugendamt erkundigen, wie hoch der örtliche, vom Jugendamt bezahlte Stundensatz ist. Das ist der Mindestsatz. Viele Tagesmütter stehen auf dem Standpunkt, auch bei Pflegegeldzuschuss vom Jugendamt noch etwas draufzuschlagen – ›kostenlose Kinderbetreuung ist ja nichts wert‹ –, sie sollten dabei aber beachten: Wenn das Jugendamt die Kosten für das Kind übernimmt, dann hat die Mutter wirklich kein Geld, auch noch etwas dazuzuzahlen.«

Unter 2,- Euro sollte keine Tagesmutter arbeiten. Dieser Stundenlohn deckt in den meisten Fällen gerade einmal die Ausgaben einer Tagesmutter.

Der Stundenlohn wird auf eine monatliche Pauschale umgerechnet. Wie das konkret aussehen könnte, soll Ihnen das folgende Beispiel veranschaulichen. Die Tagesmutter betreut zum Beispiel ein Kind fünf Stunden täglich. Sie erhält 3,- € pro Stunde. Das sind täglich 15,- €. Die monatlichen Arbeitstage betragen im Durchschnitt 21 Arbeitstage. 15,- € x 21 Tage = 315,- €.

In Österreich kann eine »ausgebildete« Tagesmutter (siehe Seite 21 ff.) bei einer Trägerorganisation angestellt werden. Sie erhält dort einen Mindestlohn und ist somit auch sozial abgesichert. Der »Betreuungsbetrag«, den Eltern an angestellte Tagesmütter demnach zu leisten haben, beträgt derzeit etwa 290,– Euro für eine 40-stündige Betreuung eines Kindes pro Woche. Lohnnebenkosten haben die Eltern nicht zu tragen, diese übernimmt der Trägerverein beziehungsweise die Dienststelle.

An dieser (Mindest-)Summe können sich auch freiberufliche Tagesmütter orientieren, deren Stundensatz für ein Kind ansonsten zwischen etwa 1,8 und 2,2 Euro liegt.

Schweizer Tagesmütter haben es noch schwerer als wir deutschen Tagesmütter. Hier existiert zurzeit noch nicht einmal ein Dachverband, der eine Mindestbezahlung als Richtlinie empfiehlt. Das erschwert die Orientierung. Das Züricher Jugendamt nannte mir aber einen durchschnittlichen Stundenlohn von 6,– bis 7,– sFr.

Was ist in dem monatlichen Entgelt enthalten?

- Nahrungsmittel (nicht in Österreich)
- Altersgemäßes Spiel- und Bastelmaterial (nicht in Österreich)
- Hygieneartikel (Seife, Zahnbürste, Zahnpasta, Klopapier etc.)
- Altersgerechte Sitzmöbel, z.B. Hochstühle
- Mehrbelastung für Strom, Heizung und Wasserverbrauch
- Betreuungs- und Erziehungsarbeit

Wie werden Urlaubstage vergütet?

In der Regel sollte eine Tagesmutter im Jahr mindestens vier Wochen Urlaub bekommen. Davon sollten drei Wochen zusammenhängend genommen werden können. Leider sieht der Normalfall keine Fortzahlung des Betreuungsgeldes vor, wenn die freiberufliche Tagesmutter Urlaub in Anspruch nimmt. Dennoch rät der Bundesverband für Tagesmütter, auch einen Teil des Tagesmutterurlaubs zu bezahlen.

Wie werden Krankheitstage vergütet?

Ein schwieriger Fall für die Eltern. Fällt die Tagesmutter aus, muss normalerweise ein Elternteil zu Hause bleiben, um das Kind zu betreuen. Deshalb sollte vertraglich schon vorher geregelt werden, wie die Betreuung im Krankheitsfall aussehen kann (siehe S. 77 f.). Normalerweise werden auch diese Tage nicht vergütet, da die Tagesmutter keine Betreuungsarbeit leistet. Aber auch hier sollte man vertraglich Kulanz zeigen. Bei Erkrankung der Tagesmutter sollten die ersten zwei Tage noch bezahlt werden.

Anders verhält es sich, wenn eines der Kinder der Tagesmutter erkrankt ist. Hier sind zwei Fälle voneinander zu unterscheiden:

Die Tagesmutter bietet den Eltern an, ihr Kind trotzdem zu bringen. Es liegt nun im Ermessen der Eltern, dieses Angebot anzunehmen. Lassen sie es trotzdem zu Hause, müssen sie die Tagesmutter auch an diesen Tagen bezahlen.

Die Tagesmutter kann die Tageskinder nicht betreuen. Auch hier sollte man kulant verfahren und der Tagesmutter zwei Tage bezahlen.

Wenn das Tageskind erkrankt: Hier liegt es an den vertraglichen Vereinbarungen, ob das Kind von der Tagesmutter oder einem Elternteil betreut wird. Bleibt ein Elternteil zu Hause, um das Kind zu betreuen, haben die Eltern Anspruch auf Kinderkrankheitstage. Die Tagesmutter wird in der Regel weiterbezahlt, es sei denn, das Kind ist für mehrere Wochen erkrankt. Auch hier sollten die Eltern individuell vertraglich vereinbaren, wie lange die Tagesmutter bezahlt wird.

● Welche Leistungen müssen die Eltern zusätzlich übernehmen?

Hier steht an allererster Stelle die Überstundenvergütung. So unglaublich es auch klingt, viele Tageskinder werden häufig erst nach den vereinbarten Zeiten abgeholt.

Kaum eine Tagesmutter wird ein gelegentlich vorkommendes Zuspätkommen in Rechnung stellen, wenn es eine Viertelstunde nicht überschreitet. Ärgerlich wird es, wenn die Kinder regelmäßig und sehr viel später abgeholt werden. Deshalb sieht auch der Vertragsvordruck des Tagesmütter Bundesverbandes eine Spalte für die Überstundenvergütung vor.

Die Tagesmutter notiert sich die monatlichen Überstunden. Damit es keinen Ärger gibt, sollte sie sich diese von den Eltern abzeichnen lassen. Eine Überstunde sollte mindestens mit dem vertraglich vereinbarten Stundenlohn bezahlt werden. Aber auch höhere Stundenlöhne, die sich an dem ortsüblichen Stundensatz eines Babysitters orientieren, sind hier anzuraten. So beugt man regelmäßigen Überstunden am besten vor.

Wenn Sie in der Schweiz oder in Österreich arbeiten, erkundigen Sie sich bitte bei Ihrem ortsansässigen Jugendamt, welche Leistungen in der Regel von den Eltern erbracht werden sollten. Die folgende Orientierungshilfe mit den entsprechenden Vorgaben ist auch für Sie relevant.

Säuglings- und Kleinkindalter

Windeln, Flaschen, Sauger und Fertigmilch müssen die Eltern stellen. (Die entsprechende Situation in der Schweiz und in Österreich sollten Sie im Einzelfall im zuständigen Jugendamt klären.) Sollten die Eltern auf eine spezielle Gläschenkost bestehen, obwohl die Tagesmutter auch baby- oder kleinkindgerecht kocht, muss diese auch von den Eltern übernommen werden.

Ist das Tageskind Allergiker und stehen deshalb Sonderanschaffungen an, oder muss für das Kind extra gekocht werden, kann die Tagesmutter diese Mehrkosten auf die Eltern umlegen. Beispiele wären Allergikerbettwäsche oder Süßigkeiten, die auch für Diabetiker geeignet sind.

Um eine Kostenpauschale für diese zusätzlichen Leistungen zu erreichen, schreibt die Tagesmutter drei Monate lang die täglichen Mehrkosten auf. Ein durchschnittlicher Wert wird ermittelt und auf die Monatspauschale aufgeschlagen.

Die Eltern können aber auch beim Wochenendeinkauf zusätzlich benötigte, haltbare Nahrungsmittel für eine Woche einkaufen und diese der Tagesmutter zur Verfügung stellen.

Ausnahme: Die Tagesmutter möchte keinen Brei kochen oder füttert das Kind aus Zeitmangel mit Fertignahrung aus dem Glas. Dafür muss sie selbst aufkommen.

Kindergartenkinder

Bringt die Tagesmutter ein Kind in den Kindergarten, haben die Eltern für die Kindergartenbrotzeit zu sorgen. Die Bring- und Abholzeit für die Tagesmutter ist in den täglichen Stundensatz miteinzurechnen.

Schulkinder

Die Tagesmutter betreut ein Schulkind zwar bei den Hausaufgaben, ist aber keine Nachhilfelehrerin. Nachhilfestunden müssen von den Eltern selber organisiert und bezahlt werden.

Die Eltern haben dafür zu sorgen, dass das Kind in der Lage ist, seine Hausaufgaben bei der Tagesmutter zu erledigen. Das heißt, sie müssen Hefte, Stifte, Malblöcke etc., also den gesamten Schulbedarf zur Verfügung stellen. Am besten ist es, wenn die Tagesmutter einen kleinen Vorrat an notwendigem Material von den Eltern erhält und dieser bei Bedarf ergänzt wird.

Kinder, die an einer chronischen Krankheit leiden

Schon allein im Interesse der Eltern sollte die Tagesmutter einen ausreichenden Vorrat an den Medikamenten haben, die das Kind einnehmen muss. Auch Notfallmedikamente sollten der Tagesmutter immer zur Verfügung gestellt werden.

In der Regel lassen sich die Krankenkassen von der Notwendigkeit überzeugen, dass die Tagesmutter diese Medikamente vorrätig hat, schließlich kann in der morgendlichen Hektik aus Versehen einmal etwas vergessen werden.

Übernimmt die Tagesmutter zusätzlich die Pflicht, ärztliche Kontrollbesuche einzuhalten, sollten die Eltern dies auch gesondert vergüten. Legen Sie ruhig ein paar Mark auf den normalen Stundensatz drauf, das sollte Ihnen die Gesundheit ihres Kindes wert sein.

• Welche Unterstützung können Eltern und Tagesmütter vom Staat erhalten?

Die wichtigste Unterstützung bekommen Eltern unter gewissen Voraussetzungen vom Jugendamt, das sich an den Kosten einer Tagesmutter beteiligt. Wie viel das Jugendamt beisteuert und welche Kriterien für den Pflegegeldzuschuss erfüllt sein müssen, hängt nicht nur von den Einkommens- und Familienverhältnissen ab, sondern auch, in welchem Bundesland die Eltern wohnen und welcher Sozialstufe ihre Stadt oder Gemeinde zugeordnet ist.

(In Österreich gibt es darüber hinaus weitere Förderungsmaßnahmen. Eltern und Tagesmütter sollten sich in diesem Zusammenhang bei den örtlichen Beratungsstellen, dem Jugendamt oder den Trägervereinen erkundigen.)

Als Tagesmutter sollten Sie sich wirklich an den Rat halten, bei Eltern, die Pflegegeldzuschuss erhalten, nicht zu viel oder nach Möglichkeit gar nichts aufzuschlagen.

Ansonsten sollten Sie als Tagesmutter schon ein bisschen mehr als den Jugendamtsatz verlangen. Man lässt sich für die Kinder doch immer mal wieder zu kleinen, nicht geplanten Sonderausgaben hinreißen, die Sie nicht aus eigener Tasche bezahlen sollten. Und ein, wenn auch sehr geringes Taschengeld sollten Ihnen ihre Nerven schon wert sein.

Als Tagesmutter sollten Sie sich bei Ihrem Jugendamt erkundigen, ob es Ihnen eine Unterstützung für Anschaffungen zukommen lässt. Das Münchner Jugendamt stellte mir kostenlos einen Doppelbuggy zur Verfügung, damit ich mit meinen drei Krabbelkindern auch an die frische Luft gehen konnte.

Manche Jugendämter beteiligen sich auch an der Anschaffung von altersgerechtem Spielzeug. Nachfragen lohnt sich, denn weniger als einen verständnislosen Blick können Sie nicht bekommen, und Sie haben zumindest einen Denkanstoß gegeben.

Viele Jugendämter fördern mittlerweile ihre Tagesmütter auch bei der Rentenvorsorge. Sie gewähren Zuschüsse für privat abgeschlossene Rentenversicherungen und verfügen immer häufiger über Sammelhaftpflichtversicherungen für ihre Tagesmütter oder unterstützen sie anderweitig finanziell oder materiell: Monatskarten für die städtischen Betriebe, ermäßigte Eintritte im Zoo, Spielsachen, es gibt vieles, was sich verschiedene Gemeinden haben einfallen lassen. Der Haken an der Sache: Nur Tagesmütter, die beim Jugendamt gemeldet sind und deren Kind (bzw. dessen Eltern) einen Pflegegeldzuschuss erhält, kommen in den Genuss der Vergünstigungen. Sehr selten und mit viel Überredung manchmal auch »freie« Tagesmütter.

• Können Eltern die Kosten für eine Tagesmutter steuerlich absetzen? Ist die Tagesmutter selbst einkommensteuerpflichtig?

Wichtig für die Eltern

Seit 2006 (und zwar rückwirkend zum 1.1.2006) gelten für alle Eltern neue Regeln bezüglich der steuerlichen Absetzbarkeit der Kinderbetreuungskosten. Die Regierung möchte damit die Vereinbarkeit von Kindern und Beruf fördern, aber auch die Tagesmütter aus der Zone der Schwarzarbeit herausholen. Kinderbetreuungskosten können nämlich nur abgesetzt werden, wenn die Tagesmutter von den Eltern gemeldet ist oder die selbständig arbeitende Tagesmutter ihre Einkünfte beim Finanzamt und den Sozialversicherungsträgern geltend macht. Damit das neue Gesetz greift, müssen folgende Voraussetzungen erfüllt sein:

• Das betreute Kind, dessen Betreuungskosten steuerlich geltend gemacht werden sollen, darf das 13. Lebensjahr noch nicht vollendet haben.
• Bei zusammenlebenden Eltern müssen beide Elternteile erwerbstätig sein. Auch wenn ein Elternteil nur einer Teilzeitbeschäftigung nachgeht und der andere Elternteil Vollzeit erwerbstätig ist, können die Kosten geltend gemacht werden.
• Für die Kinder muss ein Anspruch auf Kindergeld bestehen und sie müssen zum Haushalt des Steuerzahlers gehören.

Weitere Voraussetzungen (z.B. im Falle eines behinderten Elternteils) oder wie lange die Betreuungskosten im Falle von Arbeitslosigkeit abgesetzt werden können, erfragen Sie bitte beim Bundesministerium für Familie, Senioren, Frauen und Jugend. Alle Fragen zu diesem Gesetz sind auch auf dessen Internetseite ausführlich erläutert (www.bmfsfj.de).

Sind die oben genannten Anforderungen erfüllt, können Eltern und Alleinerziehende jährlich zwei Drittel der Kinderbetreuungskosten *pro Kind* als Werbungskosten geltend machen, jedoch höchstens 4.000,— Euro pro Kind.

Ganz wichtig: Die Ausgaben müssen beim Finanzamt nachgewiesen werden, d.h. Vorlage einer Rechnung und der Nachweis, dass das Entgelt für die Kinderbetreuungskosten auf das Konto der Tagesmutter geflossen ist. Am besten überweisen Sie das Entgelt, dann dient Ihr Kontoauszug als Nachweis.

Wichtig für die Tagesmutter

Betreut eine Tagesmutter nicht mehr als 5 Kinder und wird für *alle* Kinder das Pflege- und Erziehungsgeld von öffentlichen Kassen gezahlt, besteht Steuerfreiheit nach §3 Nr. 11 EStG und auch keine gesetzliche Rentenversicherungspflicht. Man nimmt an, dass diese Tagesmütter keiner Erwerbstätigkeit nachgehen. Nicht angewandt werden kann dieser Paragraf in folgenden Fällen:

- Wenn 6 oder mehr Kinder betreut werden, deren Tagespflege von öffentlichen Kassen übernommen wird. Diesen so genannten Großtagespflegestellen wird immer eine Erwerbstätigkeit unterstellt.
- Betreut eine Tagesmutter bis zu 5 Kinder, wird aber das Pflegegeld auch nur *eines* Kindes von den Eltern getragen, liegt eine Erwerbstätigkeit vor. Die Tagesmutter unterliegt damit für alle Einnahmen, auch der öffentlichen Gelder, der Einkommensteuerpflicht und der gesetzlichen Rentenversicherungspflicht.
- Nicht von der Einkommensteuerpflicht befreit sind auch Tagesmütter, wenn die Eltern zum öffentlichen Pflegegeld einen privaten Zuschuss leisten.

Generell ist zu sagen: Über eine Steuerfreistellung entscheidet allein das jeweils für Sie zuständige Finanzamt. Bitte stellen Sie dort einen Antrag auf Steuerbefreiung oder werden Sie bei Ihrem Finanzamt vorstellig.

Nachdem sich die Gesetzeslage immer wieder ändern kann, wenden Sie sich zur Sicherheit zusätzlich an die bekannten Beratungsstellen. Das gilt auch für die aktuellen Regelungen in Österreich und der Schweiz.

Versicherungsfragen

● Haftpflicht- und Unfallversicherung

Bei der Vielfalt der heutzutage angebotenen Versicherungen ist es nicht einfach, den Überblick über notwendige Versicherungen zu behalten. Wer muss sich gegen was und in welcher Höhe absichern? Welche Versicherungen und Zusatzversicherungen sind nötig, welche unnötig?

Die Tagespflege bietet viele Besonderheiten, die von der Tagesmutter, aber teilweise auch von den Eltern besonders gut bedacht werden sollten.

Alle Beteiligten der Tagespflege sollten sich im Bereich Haftpflicht- und Unfallversicherung gut informieren. Gerade im Bereich der Haftpflicht lässt sich nicht alles versichern. Zudem lässt die Gesetzgebung einige Schlupflöcher offen, die die Versicherungen gerne nutzen.

Eltern sollten darauf achten, dass ihre Tagesmutter eine Haftpflichtversicherung abgeschlossen hat. Genauso sollte sich die Tagesmutter darüber informieren, ob ihr Tageskind unfallversichert ist. Wie schnell ist gerade bei neugierigeren und wagemutigeren Kindern etwas passiert und niemand kann für die Folgen dieses Unfall haftbar gemacht werden. In einem solchen Fall greift die Unfallversicherung. Sie zahlt für körperliche Schäden, unabhängig davon, ob sie selbst verursacht sind oder durch einen anderen, ob die Aufsichtsperson ihre Aufsichtspflicht verletzt hat oder nicht.

Die Tagesmutter hat im Übrigen dafür zu sorgen, dass Kinder im Auto ordnungsgemäß, d.h. auch mit den richtigen

Kindersitzen, angegurtet sind. Für viele Tagesmütter ist es ärgerlich, wenn sie auf die Kindersicherheit beim Transport achten, die Eltern aber ihre Kinder »für die kurze Strecke nach Hause« nicht anschnallen.

• Die Sozialversicherung

Die freiberuflich arbeitende Tagesmutter muss sich um ihre Sozialversicherung selber kümmern.

Achtung: Aufgrund der freiberuflichen Tätigkeit können Sie nicht alle Sozialversicherungen in Anspruch nehmen.

Die meist freiberuflich tätigen Tagesmütter haben keinen Arbeitgeber, der sich um die monatlichen Abgaben kümmert. Es ist wichtig, sich einen genauen Überblick zu verschaffen, wogegen Sie sich überhaupt versichern können, wogegen nicht und welche Versicherungen bzw. Zusatzversicherungen für Sie in Frage kommen.

Ein Sonderfall sind angestellte Tagesmütter. Frauen, die bei den Eltern der zu betreuenden Kinder, bei Organisationen oder Pilotprojekten von staatlicher Seite fest angestellt sind, brauchen sich in der Regel nicht um die Sozialabgaben zu kümmern. Die monatlich anfallenden Abgaben werden vom Bruttolohn abgezogen und vom Arbeitgeber überwiesen.

Lassen Sie sich genau belegen, am besten anhand eines Gehaltszettels, welche Sozialabgaben für Sie abgeführt wurden und in welcher Höhe. Informieren Sie sich bei der Bundesrentenanstalt, wie viel Rente Ihnen später zusteht. Auf diese Weise können sie überschlagen, ob Sie vielleicht noch eine private Altersvorsorge treffen sollten. Eine solche Zusatzversicherung ist sicher ratsam:

• wenn Sie allein stehend sind und kein hohes Einkommen haben;
• wenn Sie für längere Zeit vorhaben, als Tagesmutter zu arbeiten;

- wenn Ihr Ehepartner auch kein allzu hohes Einkommen bezieht;
- wenn Sie in den Genuss von Steuerersparnissen kommen wollen.

Ich möchte hier keine Werbung für eine bestimmte Versicherungsgesellschaft machen und Ihnen auch nicht zu einer bestimmten Anlageform raten. Mit den Angaben und Informationen vonseiten der Berater bei Versicherungsgesellschaften und Bankinstituten können Sie sich einen guten Überblick verschaffen, ob sich für Sie eine Versicherung bzw. Geldanlage lohnt und wenn ja, in welcher Form.

Krankenversicherung

Eine Krankenversicherung muss heutzutage jeder besitzen. Kosten, die für Vorsorge und Krankheit anfallen, kann kaum jemand selbst bezahlen.

Welche Tagesmütter sind beitragsfrei versichert?

Es gibt ein paar Umstände, unter denen Tagesmütter in der gesetzlichen Krankenkasse ohne eigene Beitragszahlungen versichert sind:

- Tagesmütter, deren Ehemann in der gesetzlichen Krankenkasse versichert ist, können sich und ihre Kinder familienversichern lassen. Voraussetzung ist, dass Sie bestimmte Grenzen einhalten. Da diese sich in letzter Zeit mehrfach geändert haben, erfragen Sie den derzeit gültigen Stand am besten bei Ihrer Krankenkasse.
- Tagesmütter, die sich im Erziehungsurlaub befinden und schon während der Schwangerschaft in der gesetzlichen Krankenkasse Mitglied waren, sind während des Erziehungsurlaubs beitragsfrei versichert, wenn sie als geringfügig beschäftigt gelten und eine bestimmte Anzahl an Arbeitsstunden pro Woche nicht überschreiten.

193

Selbst versichern müssen Sie sich, wenn Ihr zu versteuerndes Gesamteinkommen die beitragsfreie Grenze übersteigt, nachdem Sie alle Kosten der Tagespflege abgezogen haben. Sollten Sie in der gesetzlichen Krankenkasse familienversichert oder eigenständig versichert sein, sollten Sie in jedem Fall vor Aufnahme eines Betreuungsverhältnisses bei Ihrem Berater vorstellig werden. Auch die gesetzlichen Krankenkassen zahlen gegen eine geringe Erhöhung des Beitrags Krankengeld, wenn Sie einmal für längere Zeiten ausfallen sollten. Wenn Sie in einer privaten Krankenversicherung Mitglied sind, sollten Sie sich unbedingt auch über den Krankheitsfall beraten lassen. Sie sollten sich überlegen, ob Sie sich für den Krankheitsfall zusätzlich, innerhalb der gesetzlichen oder privaten Krankenkasse versichern lassen wollen. Die Eltern müssen das Betreuungsgeld bei einer Erkrankung ihrerseits nicht weiterzahlen.

Rentenversicherung

Für Ihre Altersvorsorge müssen Sie in der Regel selber Sorge tragen, es sei denn, Sie haben ein festes Angestelltenverhältnis bei einer Familie, einer Firma oder bei einem staatlichen Projekt. Dies trifft aber nur auf einen Bruchteil der Tagesmütter zu.

Mittlerweile möchten die Jugendämter nach dem Vorbild einiger privater Institutionen ihre Tagesmütter für die Rente besser absichern. Sie zahlen unter bestimmten Voraussetzungen einen kleinen monatlichen Beitrag zur privaten Rentenversicherung hinzu. Fragen Sie bei Ihrem Jugendamt nach.

Ansonsten sollten Sie sich überlegen, ob Sie sich nicht einen kleinen monatlichen Betrag zurücklegen und in eine private Altersvorsorge investieren. Das muss keine spezielle Rentenversicherung sein, Sie können Ihr Geld auch anderweitig anlegen oder eine Lebensversicherung abschließen.

Informieren Sie sich bei Ihrer Bank oder einem anderen Anlageberater.

Arbeitslosenversicherung

Gegen Arbeitslosigkeit ist heute niemand mehr gefeit. Eine interessante Beobachtung der Jugendämter möchte ich Ihnen jedoch nicht vorenthalten. Bei einer hohen Arbeitslosenquote steigt in der Regel die Anzahl der bei den Jugendämtern registrierten Frauen, die sich als Tagesmutter zur Verfügung stellen. Sinkt die Arbeitslosenquote dagegen, herrscht notorischer Tagesmüttermangel.

Mir bleibt an dieser Stelle nur zu sagen, dass Tagesmütter im Falle der Arbeitslosigkeit nicht abgesichert sind und sich auch nicht arbeitslos melden können.

Hilfreiche Adressen

An die folgenden Adressen können Sie sich – als Tagesmutter sowie als Eltern – wenden, wenn Sie weitere Informationen benötigen.

Deutschland

- BundesElternRat, Görresstr. 13, 53113 Bonn
  E-Mail: Bundeselternrat@gmx.de
  www.bundeselternrat.de

- Deutsches Jugendinstitut e.V., Nockherstr. 2,
  81541 München
  Tel.: 089/62306-0, Fax: 089/62306-162, www.dji.de

- Deutscher Kinderschutzbund Bundesverband e.V., Bundesgeschäftsstelle, Hinüberstr. 8, 30175 Hannover
  Tel.: 0511/30 485-0, Fax: 0511/30 485-49
  www.dksb.de
  E-mail: info@dksb.de

- Jugendämter: Jeder Landkreis beziehungsweise jede Stadt hat ein eigenes Jugendamt. Die Adresse erfragen Sie bitte bei Ihrer Stadtverwaltung oder in Ihrem Rathaus oder Landratsamt.

- Tagesmütter Bundesverband für Kinderbetreuung in Tagespflege e.V., Breite Str. 2, 40670 Meerbusch
  Tel.: 02159/13 77,
  www.tagesmuetter-bundesverband.de

- Mütterzentren Bundesverband: Geschäftsstelle
  Müggenkampstraße 30 a, 20257 Hamburg
  Tel.: 040/40 17 06 06, Fax: 040/490 38 26
  www.muetterzentren-bv.de
  E-Mail: info@muetterzentren-bv.de

Über den Bundesverband können Sie die Adressen und
Ansprechpartner von weiteren Mütterzentren in
Deutschland erfragen.

Baden-Württemberg

- Mütterforum Baden-Württemberg, Gabriele Bryant
  Ludwigstrasse 41-43, 70176 Stuttgart
  Tel.: 0711/50 53 68-50, Fax: 0711/50 53 68-51
  E-Mail: muetterforum.ba-wue@t-online.de

Bayern

- Netzwerk Bayern, Petra Frank, Susanne Veit
  Feldmochingerstraße 42, 80993 München
  Tel.: 089/149 15 32, Fax: 089/14 85 97 72
  E-Mail: netzwerk-mfz@gmx.de

- Mütterzentrum Sendling e.V., Brudermühlstr. 42,
  81371 München, Tel.: 089/77 77 44

Hessen

- Hessisches Mütterbüro, Bahnstraße 39, 63225 Langen
  Tel.: 06103/282 34, Fax: 06103/244 72
  www.muetterbuero.de
  E-Mail: Muetterbuero.Hessen@t-online.de

Neue Bundesländer

- Mütterzentrum Zwickau, Gabriele Friedrich
  Kolpingstraße 22, 08058 Zwickau
  Tel.: 0375/39 02 50, Fax: 0375/390 25 24
  E-Mail: mz-zwickau@sos-kinderdorf.de

Nordrhein-Westfalen

- Mütterbüro Nordrhein Westfalen, Eva Sowa
  Hospitalstraße 6, 44149 Dortmund
  Tel.: 0231/16 21 32, Fax: 0231/16 07 34
  E-Mail: Muetterbuero.NRW@t-online.de

Rheinland-Pfalz

- Haus Guk eV. / Rheinland-Pfalz, Beate Mund
  Kanalstrasse 6, 66849 Landstuhl
  Tel.: 06371/63241, Fax: 06371/ 63424
  E-Mail: haus.guk@t-online.de

Österreich

- Tageselternzentrum, Pfeilgasse 8/4, A-1080 Wien
  Tel 01/403 78 22

  Über dieses Tageselternzentrum erhalten Sie Adressen
  und Ansprechpartner von Tagesmüttervereinen in ganz
  Österreich.

- Kinderdrehscheibe, Wehrgasse 26, A-1050 Wien
  Tel 01/581 06-60 oder 61, Fax 01/581 06 60-19
  www.kinderdrehscheibe.at
  E-Mail: office@kinderdrehscheibe.at

- OÖ.Tagesmütterverband
  Verein Tagesmütter Innviertel

A-4910 Ried/Innkreis Haagerstraße 4
Tel.: 07752/86907, Fax: 07752/86907-75
www.tagesmuetter-ooe.at
E-Mail: info@tagesmuetter-ooe.at

* Hauptbüro Ried: Verein Tagesmütter Innviertel
A-4910 Ried/Innkreis, Haagerstr. 4
Tel.: 07752/86907, Fax: 07752/86907-75
E-Mail: tm-ried@tm-innviertel.at

* Mutter.Mund
(= Zeitschrift von und für Frauen mit Kindern)
Interessengemeinschaft von und für Frauen mit Kindern,
Mattäusgasse 3/10, A-1030 Wien
Tel.: 01/713 55 14, E-Mail: Krenek.ritt@xpoint.at

Schweiz

* Dachverband Schweizerischer Mütterzentren:
Familientreff, Stadt Bern, Muristr. 27, CH-3006 Bern
Tel. 031/351 51 41
www.muetterzentrum.ch, www.familientreff.ch

* Zentrum ELCH für Eltere & Chind,
Regensbergstr. 209, CH-8050 Zürich
Tel. 01/372 01 69
E-Mail: elch@datacomm.ch

* Tagesfamilien-Fachstelle der Pro Juventute:
pro juventute - Zentralsekretariat, Seehofstrasse 15,
CH-8032 Zürich, Tel. 01/256 77 77
Fax 01/256 77 78, www.projuventute.ch
E-Mail: tagesfamilien@projuventute.ch

Den Videofilm *Ich bin Tagesmutter* und die Jubiläumszeitschrift *Tagesfamilien sind eine Lebensform* erhalten Sie bei
o.g. Adresse von Pro Juventute.

Nützliche Bücher

Aster, Sigrid von: *Kinderwelten verstehen. Anregungen zur Spielerziehung.* Pro Juventute Verlag 1992.

Austermann, Marianne/Wohlleben, Gesa: *Zehn kleine Krabbelfinger. Spiel und Spaß mit unseren Kleinsten.* Kösel-Verlag, 16. Aufl. 1999.

Bundesministerium für Familie, Senioren, Frauen und Jugend (Hrsg.): *Kinderbetreuung in Tagespflege. Tagesmütter-Handbuch.* Kohlhammer Verlag 1995.

Diekmeyer, Ulrich: *Das Elternbuch 1 bis 4.* Rowohlt Taschenbuch Verlag 1992.

Frinke-Dammann, Susanne/Scholz, Reiner: *Tagesmütter. Eine Orientierungshilfe.* Rowohlt Taschenbuch Verlag 1998

Jeitner-Hartmann, Bertrun (Hrsg.): *Das große Ravensburger Buch der Kinderbeschäftigung.* Ravensburger Buchverlag 1991.

Kagan, Jerome: »The child and the family«. In: *Daedalus* 1977.

Kohnstamm, Rita: *Praktische Kinderpsychologie. Die ersten 7 Jahre. Eine Einführung für Eltern, Erzieher, Lehrer.* Hans Huber Verlag 1992.

Leach, Penelope: *Die ersten Jahre deines Kindes. Ein Handbuch für Eltern.* Deutscher Taschenbuch Verlag 1995.

Schneider, Regine: *Gute Mütter arbeiten. Ein Plädoyer für berufstätige Frauen.* Krüger Verlag 1995.

Strätling, Berthold: *Streiten, Teilen und Vertragen.* Verlagshaus Goethestraße 1993.

Wiemann, Irmela: *Ratgeber Pflegekinder. Erfahrungen, Hilfen, Perspektiven.* Rowohlt Taschenbuch Verlag 1994.

Teusen, Gertrud: *Frau mit Kind. Leitfaden für Alleinerziehende.* Freundin Ratgeber, Falken Verlag 1994.